KB154197

사회초년생의
일상을 위한
12명의 리얼 꿈 스토리

네 심장을 춤추게 해 봐

임태희 지음

처음

네 심장을 춤추게 해 봐

발 행 | 2019년 11월 20일

저 자 | 임태희

펴낸이 | 이학명

펴낸곳 | 도서출판 처음

출판사등록 | 2014.07.15.(제2014-16호)

주 소 | 경기도 고양시 일산서구 일현로 140, 109동 202호

전 화 | 02-3472-1950 | 팩스 02-379-4535

이메일 | mrm97@naver.com

ISBN | 979-11-5811-965357-2-8 03330

이 도서의 국립중앙도서관 출판예정도서목록(CIP)은 서지정보유통지원시스템 홈페이지(http://seoji.nl.go.kr)와
국가자료종합목록 구축시스템(http://kolis-net.nl.go.kr)에서 이용하실 수 있습니다.
(CIP제어번호 : CIP2019045883)

네 심장을 춤추게 해 봐

임태희 지음

사회초년생이라는 이름표는 내 의지와 관계없이 붙여진다. 학교를 졸업하고 사회를 나와 밤마다 하늘에 보름을 주기로 모습을 바꿔가며 떠 있는 달과 맑은 날 밤이면 캄캄한 밤하늘을 어김없이 비춰주고 있는 별들을 바라본 날들이 많다. 왜 그렇게도 울고 싶은 하루들과 실제로 눈물이 왈칵 쏟아지거나 대성통곡 하는 날들도 왜 그렇게 많았는지…….

나는 꿈이 없는 사람이었다. 꿈은 장래 직업정도로만 알고 있던 나의 감각이 다른 무언가로 일깨워지는 강렬한 시기가 있었다. 단순히 잘 먹고 잘 살고만 싶었던 나에게 누군가의 마음을 위로하고 꿈을 일깨워주는 사람이 되어야만 한다는 생각과 마음은 아침에 눈을 뜨고 밤에 눈을 감기도 전에 계속 나를 두드리고 두드렸다.

하지만 중요한 건 무엇을 어떻게 해야 할지 몰랐다는 사실이다.
오늘 날에는 공부해라는 잔소리도 모자라서 꿈을 가지라는 잔소리까지 추가된 시대 속에 있다고 느끼는 사람들을 본다. 뭘하고 싶은지도 모르겠는데 계속 꿈을 가지라고 하며 여전히 지금 하고 있는 일이 맞는지 어떻게 해야 하는지 고민 속에서 살아간다.

그래서 누군가와의 대화가 필요한 것 같다. 나보다 짧게 살았던 오래 살았던 앞 서 인생을 살아간 사람들의 이야기는 생각보다 큰 깨달음을 줄 때가 많다. 어떤 실낱같은 실마리라도 누군가가 이 책을 읽고 그렇게 잡기를 바라며 꿈 인터뷰를 했고 글로 쓰게 되었다.

　사회초년생은 대부분 이런 저런 일들에 치인다. 취업, 직장, 관계, 연애 등 공격적인 요소들을 세어보면 꽤 많다. 작은 방안에 누워서 고민하는 날들도 하루 이틀이 아닐 것이다.
　이 책 속의 이야기를 통해서 이 전 사회초년생들이 그러했듯이 어쩌면 지나가는 감기와도 같은 일들이라고 어깨를 토닥여주고 싶다.

　처음에 소통을 위해서 블로그를 할 것을 결심했고, 내가 좋아하는 주제이기도 하지만, 젊은 층이 많이 찾으려면 패션뷰티를 주제로 삼는 것이 좋겠다고 생각했다. 그리고 꿈 프로젝트 내용들을 봐주기를 원했다. 항상 옆에서 댓글로 내가 살아있음을 각인 시켜주는 이웃 분들은 소중한 존재이다. 거기서부터 꿈 인터뷰도 시작 되었고 책이 되었다.

　이야기 속 주인공들은 하나같이 쉽게 길을 가고 있는 사람들이 없었다. 책을 읽고나면 '다들 그렇구나. 나도 다시 해 보지 뭐!' 라는 공감과 용기가 당신 마음에 마침표로 남길 바라는 것이 마음 가득한 소망이랄까! 책을 쓰게 해 주신 하나님께 감사드리며 각 챕터마다 있는 내가 쓴 짧은 시들도 이 책을 읽는 누군가의 마음에 닿았으면 좋겠다.

힘이 되고 싶은 태희

"내가 뭐 하고 싶은지 모르겠어요." 나는 여러 가지 도전들을 해 왔지만 학생들을 가르치는 일은 계속 해 왔다. 그 때 바로 학생들에게 많이 들었던 이야기이다.

물론 하고 싶은 일들이 있을 것이다. 하지만 꿈이 뭐냐고 물어봤을 때 내 꿈은 이러 이러한 것이라고 말하는 학생들은 정말 99%는 보지 못했던 것 같다. 그리고 내 마음도 같이 답답했다. 꿈을 정하지 못하고 청년이 된 소녀, 소년들은 학창시절에 그랬던 것처럼 세상이 원하는 대로 살아가는 것을 이어간다.

분명 그들이 습득하고 있는 기술은 중요한 것들이지만 자신의 꿈보다 기술이 그들을 앞서서 왜 하는지도 모른 채 그들을 끌고 다닌다. 학교 다닐 때는 높은 점수를 받기 위해서 사회인이 되어서는 또 다른 점수인 돈을 벌기 위해서…….

점수와 돈 자체는 나쁜 것이 아니다. 단지 목적 없이 그것만 쫓아 갈 수 밖에 없을 때 행복이라는 단어와는 멀어진다. 왜 점수를 얻어야 하며, 왜 돈을 벌어야 하는지에 대해서 의문을 가질만한 여유가 없다는 사실은 더욱 마음이 불편하다. 어떻게 해서라도 자신만의 시간을 가졌으면 좋겠다. 나는 내 삶에서 주어진 강제적으로 갖게 된 자율 시간으로 인해 삶을 바라보는 눈이 180도 달라졌다.

돌아봤더니 본의 아니게 세상이 만들어 둔 틀 속에서 아등바등 살아가고 있었던 것이다. 세상에 휘둘리지 않기 위해서는 그리고 더 빨리 틀에서 벗어나기 위해서는 가치관의 전환이 필요했다. 분명 툴이 나쁜 것만은 아닐 수 있다. 근본적인 해결책을 가지고 있는 사람은 나라는 사실을 깨닫는 것이 정말 중요했다.

　나와 같이 꿈에 대한 깊은 생각이 없던 사람에게 어떻게 하면 꿈에 대해서 이야기 할 수 있을까! 어떻게 하면 꿈이 생길 수 있을까! 더불어 어떻게 하면 용기를 줄 수 있을까 생각해서 인터뷰가 시작되었다. 그래, 오늘 이 이야기들이 어쩌면 누군가에게는 위로가 될 수 있고 누군가에게는 꿈이 될 수 있기를 간절히 바라며 말이다.

　●Part 1 에서는 가슴 아픈 청춘의 시간을 보낸 사람들과 '아픔' 에 대한 이야기를 나누었다. 젊은 영혼의 시절 상비약과 같은 단어인 음악을 하는 그들의 이야기를 통해서 지금 아픔을 겪고 있는 누군가의 마음이 위로되기를 바란다.
　●Part 2 에서는 누구나 겪게 되는 '선택'이라는 문제를 어떻게 풀어갔는지 나누는 시간이 될 것이다. 잘하는 것과 좋아하는 일 사이에서 어떤 선택을 했는지가 지금 사회인을 준비하는 사람들에게 조금이라도 도움이 되었으면 좋겠다.
　●Part 3 에서는 꿈꾸며 달려가고 있는 그들의 이야기에 초점을 맞추어서 '꿈' 이라는 단어를 좀 더 전하고자 했다. 좋아하는 일을 선택하고 달려가는 그들의 이야기에서 생동감을 느끼면 좋

겠다.

● Part 4 에서는 꿈의 최종 목적지인 '나눔'에 대해서 이야기 한
다. 우리가 사는 곳이 따뜻해 질 수 있는 것은 나를 넘어서 누군
가를 위해서도 살 수 있는 용기 때문일 것이라 믿는다.

　도입부는 저자의 관점에서 글을 적었다 그리고 이야기로 들어가면
이야기 주인공의 시점에서 독자와 이야기하는 듯한 느낌을 받았으면
해서 인터뷰한 분들의 시점에서 이야기를 적었음을 알고 읽으면 좀
더 와 닿을 거라고 생각한다.

　12가지 인터뷰 이야기들과 함께 각 파트마다 내가 느낀 이야기들
도 실었다. 취업 준비를 하는 누군가에게 세상에 나갈 때 꿈에 대한
방향성에 대해 생각할 수 있는 시간이 되면 좋겠고 꿈이 없는 사람들
에게는 인터뷰 이야기들을 통해서 어떻게 그들은 꿈을 가지게 되었는
지를 보면서 조금이라도 도움이 되기를 바라는 마음이다.

　요즘 세상은 정말 많이 복잡 해 지고 있다. 단순한 삶이 가장 행복
한 삶이라고 생각한다. 단순하다는 말은 살아가면서 내가 해야 할 일
을 아주 명확하게 아는 것이라고 생각한다. 나를 정의해 나가는 일은
아주 짧은 시간일 수도 있지만 누군가에게는 아주 긴 시간이 될 수도
있을 것이다. 하지만 그 노력조차 하지 않는다면 어떤 순간이 왔을 때
남는 것은 '내가 왜 살았지?'허무함이 아닐까?

무거운 가치관 보다는 재미가 가치가 되어있는 것처럼 보이는 시대라고 할지라도 나만의 가치관을 찾는 것은 여전히 중요하다고 생각한다. 그래야 누구도 당신을 마음대로 휘두를 수 없을 것이다. 우리는 누군가에게 휘둘리기 위해서 태어나지 않았다고 생각한다.

그 단위가 크든 작든 그것은 중요하지 않다고 생각한다. 많은 능력을 타고 난 사람은 많은 것을 하면 되고 작은 능력을 타고 난 사람은 그 작은 능력으로 할 수 있는 일을 하면 된다. 당장은 영향력을 미치는 범위가 자기 자신 뿐이라고 해도 그것은 대단한 것이다.

12명의 리얼 꿈 스토리를 사회초년생이라면 꼭 읽어봤으면 좋겠다. 취업준비생 그리고 이직을 생각하는 사람들에게도 힘과 꿈이 되는 책 중에 한 권이 되면 좋겠다. 우리 심장은 오늘도 춤추어야 한다!

모두에게 '처음'이 있었다.

나도… 그랬어!

나는 오늘도
마음이 아프다

하나, 둘, 셋······.
쓸데없이 아픈 말들
참아보려 하지만 더 아프기만 하다

하나, 둘, 셋······.
시간이 지나가도록 허락했다.
시간이 지나갈 때 마다
기분 좋은 오늘

어린 시절 우리는 어른이 되면
더 이상 나약하지 않을 거라 생각했다.
하지만 어른이 된다는 것은 나약함을
받아들이는 것이다.

매들렌 렝글(Madeleine L'Engle, 1918~2007)

지금 마음이 아픈 이유

나는 왜 살고 있지? 일을 마치고 돌아오는 길에 옆을 둘러보면 정말 나만 빼고 사람들은 무슨 좋은 일이 그렇게나 많은지 큰 소리로 웃어대며 다들 행복 해 보이는 때가 있었다.

그리고 앞이 어른거리며 눈물이 맺히면서 갑자기 뚝뚝 떨어지고 만다. 20대는 이렇게 눈물이 제일 친한 친구였고 아픔이 나 자신과 나누는 이야깃거리였다. 눈을 감으면 차라리 오늘이 마지막이었으면 하고 생각하다가도 가족이 생각이 나서 생각을 접곤 했다.

밤길을 정처 없이 돌아다니는 길 고양이처럼 내 마음은 어디로 가야할지 울어대며 깊은 고민에 빠지는 순간이 한 두 번이 아니었다. 하지만 그 순간에도 나를 붙들어 준 것은 꿈이었다.

스스로가 사회초년생이라는 인식도 하지 못한 채 그렇게 사회를 겪어가고 있었던 것이다. 지금 생각 해 보니 그래 나는 사회초년생이었구나. 하지만 단순하게 직장생활을 하며 일들을 겪는 소위 말하는 일반적인 사회초년생은 아니었던 것 같다. 겉으로는 보이지 않는 아주 작은 나에게 주어진 아주 커다란 깨달음을 감당하기에는 내 그릇이 너무 작고 약했다는 것을 깨닫는다.

어쩌면 글을 읽는 당신이라면 나보다 더 잘 하리라!

내 병명이 '아픔'이라는 것도 알지 못하고 오늘도 자판을 두드리며, 복사를 하며, 이메일을 보내며, 공부하며 무뎌지고 있을지도 모른다. 겉으로는 백만 불짜리 미소로 웃고 있을지라도 아픈 마음은 겉으로 드러나지 않고 혼자서 끙끙 앓으며 힘들어 하는 것은 아닌지?
지금 당신의 마음이 아픈 이유는 무엇일까? 사회초년생이라는 타이틀만으로도 벅찬 당신은 왜 아픈 것일까?

마음이 아픈 이유 1 _ 관계
"왜 그렇게 했는지 이해할 수가 없어."

어른이 되면 강해질 줄 알았다. 하지만 오히려 반대였던 것은 왜 일까? 아무것도 모르는 순수한 아이들은 용감하게 시도 해 보려고 한다. 그리고 관계에 있어서도 아주 적극적이다. 어른이 되면서 몰랐던 것들과 직접 부딪히며 느끼는 관계 속의 체감온도는 혹독할 때가 많다.
부모님과의 대화, 친구와의 대화, 연인과의 대화, 직장상사와의 대화……. 우리는 어떤 대화를 나누고 있을까? 사회초년을 지나면서 생각보다 더 치열한 상황 속에 부딪힐 때마다 오늘이라도 사표를 내고 싶은 경우도 많다. 창업을 했다면 '왜 내가 직장에 안 갔을까?'라는 생각을 한다. 나름 열심히 취업을 준비하고 있다고 생각하는 취업 준비생에게도 말의 파장은 마음 속에서 아주 크게 파장을 일으킨다.

어제 저녁에 부모님의 말, 어느 카페에서 친구와 나누었던 말, 연인과 같이 길을 걸으며 갑자기 나에게 한 말, 직장에서 신입인 나에게 했던 말……. 세워주는 말이었다면 이렇게 고민하지 않았겠지만 나를 눌러 자신의 감정을 해소하고자 하는 갑의 말들 때문에 을의 마음은 아파지고 만다. 그들을 이해하고 싶지 않을 것이다.

사회에 나와서 내일이 어떻게 될지 희미하고 답답한 하루를 살기도 버겁다. 생전 처음 해 보는 일도 버겁다. 그런데 주변 사람들과의 삐뚤어진 관계는 더 버겁다.

지금 우리가 마음이 아픈 첫 번째 이유는 '관계'의 문제 때문이다. 관계 속에서 나누게 되는 대화 중 배려가 빠진 말들은 관계를 깨어버린다.

기대감이 클수록 관계에 대한 배신감은 커지기 마련이다. 위에서 '을'이라는 표현을 한 것은 부모님과 직장상사 뿐 아니라 친구와의 관계에서도 마음속으로 자격지심 등의 마음에서 스스로를 을로 만들 수도 있기 때문이다. 아니면 내가 나빴을 수도 있다.

사실 인간관계에 있어서 모든 사람이 평등하다는 사실을 기억한다면 사람 위에 누군가가 존재할 이유는 없다. 어떤 일을 하는 가운데 지시와 실행의 관계가 있을 수 있지만 근본적으로 관계에서는 우리 모두가 갑이고 을이기도 하다.

왜 그렇게 했는지 이해할 수 없는 경우도 분명 있을 수 있다. 가해자라면 용서를 구해야할 것이고 피해자라면 붙잡혀 있으면 안 된다고 생각한다.

당신의 아픈 마음. 누구에게 의지하기보다는 꿈으로 일어서면 좋겠다. 꿈이 없다면 사회초년생일수록 더욱 많은 것들을 경험해서 내 길을 찾아가자. 또, 지금 아픈 당신의 마음이 훗날에 어쩌면 곧 똑같은 처지의 누군가를 위로할 수 있다는 것도 같이 잊지 말았으면 하는 마음이다.

가슴이 아픈 이유 2 _ 욕심
"왜 마음 먹은 대로 안 되는 거지?"

내 맘대로 되는 일이 없다고 생각한 적이 있었다. 하지만 깨달은

것은 세상은 내 맘대로 되지 않다는 것이다. 세상이 바뀌기보다는 내
가 바뀌는 것이 빠르다는 것도 알게 되었다.

  사회초년생은 생각보다 모르는 것이 더 많을 수 있다. 더 잘 해 보
려는 사람은 더 많이 부딪힐 수 있다. 하지만 그것도 과정이라는 것을
지나고 보니 알겠다.

  지금 마음이 아픈 이유 두 번째는 '욕심' 때문이다. 내 맘대로 되지
않아서 내 계획대로 되지 않아서 마음이 아플 때도 있다. 20대 초반
까지만 해도 그랬던 것 같다. 알고 보면 죽을 만큼 열심히 해 보지도
않았으면서 잘 안 된다고 혼자 투정 내며 어린 티를 내었던 것이다.

  욕심은 아주 작은 씨앗과도 같아서 눈에 보이지도 않게 내 마음에
뿌려지고는 한다. 공부를 하든지 일을 하든지 욕심으로 하는 것은 행
복하지 않다. 결국에는 스스로의 마음을 아프게 만든다는 것이다. 나
도 주변도 불행하게 만드는 것이 욕심이다.

  조금만이라도 마음을 내려놓는 것이 도움이 되었다. 충분히 열심히
달려왔을 것이다. 잠시 마음을 내려놓고 아무것도 하지말자. 문제에
초점을 맞추지 말고 우리의 꿈에 초점을 맞추자.

가슴이 아픈 이유 3 _ 기다림

"도대체 언제까지 기다려야 하는 거지?"

　이력서를 제출하고 연락을 기다릴 때의 심정을 경험 해 본 사람은 안다. 고백을 하고 답을 기다리는 어떤 이의 마음도 기다림 역시 같은 마음일 것이다.

　사회초년생은 무언가를 더 많이 기다려야 하는 사람일 것이다. 영화를 찍으며 대기하는 배우도 아닌데 우리는 무언가 기다려야 하는 상황 속에 있을 때가 많다. 정말 언제까지 기다려야 내가 원하는 일이 일어날 수 있을까 고민에 고민을 거듭하는 날에는 밤잠 설치며 새빨간 토끼 눈으로 잠이 들기도 했다.

　내가 원하는 답을 얻지 못했을 때는 마음이 무너지는 순간도 많았지만 지나고 나면 오히려 그것이 나에게 더 좋았다는 진실을 알게 될 때도 많다.

　마지막으로 지금 우리가 마음이 아픈 이유는 '기다림' 때문이다. 기다림이 이루어지지 않는 순간은 기다리는 사람에게는 마음 아픈 순간이다. 기다리는 시간이 길어지고 일이 이루어지지 않았을 때 왜 그렇게도 마음이 아픈건지…

　어느 날이었다. 너무 마음이 답답하고 갑자기 눈물이 흐르는 하루가 있었다. 그 시간은 나에게 조금 머물러 있었다. 하지만 마음을 쉽게 추스를 수 없었다. 내가 애를 쓰며 지나왔던 시간들은 나에게 내가 원했던 만큼의 결과를 내가 원하는 시간에 주지 않았다. 왠지 더욱 더 힘들게 만드는 것만 같았다.

　하지만 또 어느 날이었다. 감사하기로 마음을 먹었다. 감사의 처음 한 문장은 억지로 해 보았다. 내가 가지지 못한 것도 있지만 반대로 내가 가진 것 들을 누군가는 가질 수 없는 사실을 새삼스레 떠 올려보니 마음이 위로를 받았다. 답답한 마음도 조금씩 가벼워지는 것을 느낄 수 있었다. 내가 원하는 시간에 이루어지지 않은 일들은 나에게 오히려 해로운 것 일수도 있고 내가 준비가 되지 않았다는 것을 알기 때문이다.

　계속해서 책을 읽어주기를 바란다. 내가 보냈던 시간들처럼 힘든 시간 속에서 힘들어 하고 있을 누군가를 위해서 이 챕터에서 글을 쓰고 있다. 이루어지지 않은 기다림 때문에 아파하고 있을 당신의 마음에도 닿기를 바라는 마음이다.

　아주 어둡고 외롭고 힘들었던 시기에 반대로 아주 밝고 즐겁고 힘찬 꿈을 꾸고 있었다. 마음이 죽어가고 있어서 내일이 오지 않았으면 좋겠다는 누군가를 위해서 무언가를 하고 싶다는 꿈이었다. 나도 쓰러지고 싶었지만 힘을 내서 일어났기에 쓰러져 있는 누군가에게 작은 힘이라도 보태고 싶은 꿈이었다.

그리고 어느 날 꿈 인터뷰라는 것을 해 보기로 마음을 먹었다. 오늘이 힘들겠지만 나 뿐 아니라 마음 아픈 사람들이 많다는 것을 나누고 싶었다.

하지만 꿈을 가진 인터뷰 속 그들은 한 걸음씩 계속해서 앞으로 나가며 사회초년생의 시간을 그렇게 지나가고 있었다.

꿈이 있기 때문에 힘든 지금의 시간을 지나간다고 생각한다. 그것은 나도 마찬가지였다. 꿈이 있었기 때문에 지난 시간을 이겨내었고 지금도 꿈이 있기 때문에 이 시간을 지나가고 있다.

이 글을 쓰면서 나도 다시 꿈꾸기 바라고 당신이 이 책을 읽으며 힘든 시간들을 이겨내면 좋겠다.

지금 당신이 마음 아픈 이유는 무엇일까? 가족 때문에? 친구 때문에? 사랑 때문에? 돈 때문에? 어떤 것이든지 상관없다. 마음속에 있는 상처를 그대로 두지 말고 끄집어 내어보자. 누구도 나를 망칠 권리는 없는 것이니까!

인간관계, 욕심, 기다림이라는 3가지 단어는 우리를 지금 이 순간에 아프게 할지도 모르지만 세상이 계속 나를 휘두르게 내 버려두지는 말자. 지금은 반드시 지나갈 것이다.

음악은 아름답지만 아프기도 하다. 그 꿈을 이뤄가는 음악인들은 안정과 꿈이라는 동 떨어진 괴리감 사이에 놓여있다. 그 속에서 많은 힘든 일들을 이겨내야 한다. 화려한 이면 속에는 자신과의 싸움이 있고 가슴 아픈 일들도 있다. 음악 속에서 사회초년생을 보낸 이야기를 들려주고 싶다.

간절함은 힘든 오늘을 지나가게 한다.

김지현

우연하게 찾아오다

첫 번째 인터뷰가 있던 날, 소개팅도 아닌데 두근대는 마음을 가지고 만남을 기대하며 걸음을 옮겼다. 인터뷰라는 것 자체도 처음이었고, 꿈을 공유한다는 사실 자체가 가슴 뛰는 순간으로 마음에 다가왔다.

블로그에서 계속적인 소통을 하고 있었기에 어색함보다 반가운 마음이 컸다. 인터뷰가 있는 그 날, 공연을 마친 하얀 얼굴에 미소를 띤 상냥한 말투의 그녀를 처음 만났다. 차 한 잔을 나누면서 이야기를 나누고 난 뒤 밖으로 함께 나갔다. 사실은 누구보다 꿈을 위해 달려왔지만, 겉보기에는 고생은 전혀 모를 것 같은 밝고 예쁜 지현님과의 인터뷰를 이어 갔다.

꿈이란 어떻게 시작되는 걸까? 그녀의 이야기 속에서 어떤 순간 모르는 사이에 찾아온 꿈을 발견할 수 있었다. 그리고 그녀에게 꿈이라는 단어는 포기하고 싶은 순간들을 이겨내게 만드는 단어였다. 간절함은 지금의 시간들을 지나가게 이겨내게 만든다.

우연히 찾아온 꿈은 그녀를 열정적인 모습으로 세상에 나가게 만들었다. 배운 음악을 사람들에게 알려주고 싶은 마음으로 가득했다. 마음 속 가득 자신감으로 여러 기획사의 문을 두드렸고 국악을 중심으로 하는 퓨전음악 그룹에서 활동하게 된다. 하지만 그 과정이 결코 화려한 것만은 아니었다는 것을 대화를 하면서 알게 되었다.

꿈이 마음속에서 시작 될 때는 누구에게도 말로 표현 못 할 감동이 피어나지만 그것을 이루기 위해서는 남에게 차마 다 말하지 못 할 이야기들을 스스로 감내해야 한다는 사실을……

국악이라는 음악이 많은 사람들에게 대중화되기를 바란다는 사람이 있다. 지금은 세계를 다니며 국악을 알리고 있고 사람들에게 국악을 가르치는 사람이 되어있다. 20대의 아픔이 지금은 우연히 찾아온 꿈과 함께 걸어가고 있는 그녀의 삶은 진행형이다. 그녀의 시각으로 이야기를 시작해 보려 한다.

좋아하는 일인데 돈이 안 되는 시작

혼자서 TV를 틀거나 스마트폰을 이용해서 음악을 찾을 수 없다. 그 친구들은 몸이 아픈 친구들이다. 하지만, 우리 팀의 음악을 들었

을 때, 누구보다 즐겁게 몸으로 우리 음악을 표현하고 있었다. 이제는
1000회가 넘는 공연과 안 가본 나라가 없을 정도이다. 해외공연에서
많은 사람들이 EDM(Electronic dance music)과 빠른 팝송에 들어간
국악을 정말 좋아 해 줬는데, 그 때 희열을 잊을 수가 없다. 어릴 때는
반장도 하고 친구들에게 알려주는 것을 좋아했다. 지금은 공연과 함
께 한국문화 진흥원에서 예술 강사로도 활동하고 있다.

약 20년 전쯤으로 돌아갔을때, 나는 피아노를 치고 있었다. 교회
에는 찬송가가 있다면 절에는 찬불가가 있는데 찬불가를 연주 중이었
다. 그리고 그 날 국악 하는 분들이 있었는데, 아빠가 나에게 이야기
하셨다.

"국악 한 번 해 보지 않을래?"

우연한 계기에 아버지의 권유를 나는 받아들였다. 이렇게 *때로는
꿈은 사랑처럼 우연하게 시작된다.* 하지만, 꿈은 꿈을 가진 사람을 훈
련시킨다고 했는가! 내가 선택한 길이 꽃 길 만은 결코 아니었다. 퓨
전 국악 그룹에 들어가서 공연도 하면서 공부도 하는 삶을 병행했었
다. 공연이 많으면 먹고 사는 것이 괜찮겠지만, 항상 공연이 많은 것
이 아니라 당시 아르바이트를 병행해야 했다.

마트, 호프집, 식당 알바 화장품판매도 해보고 진짜 많은 것을 해
봤다. 오히려 나중에는 이런 경험들이 인생에 있어서 다른 일을 할 때

밑거름이 되었다. 돈도 함부로 안 쓰게 되고 지나고 나니 기억에 남는 20대 청춘이라고나 할까. 하지만 그 때는 꿈을 이루기 위해 돈을 벌어도 레슨비도 안 나왔다. 공부하는데 돈이 너무 많이 들고, 화장품 하나 살 여유도 없었다. 옷도 친구들이 주기도 했으니까! 아르바이트 자리가 나면 아르바이트를 하고, 공연하고, 학교 다니고 그랬던 단계였다. '포기해야 되나?' 라는 생각도 했다. 이번 달에 먹고 살면 다음 달에 공연이 얼마나 있을지 보장이 전혀 안 된다.

음악 뿐 아니라 어떤 일이든 자기가 좋아서 자기 전공을 살려서 일하는 사람이 많이 없다. *내가 좋아하는 일은 돈이 안 되고, 돈을 벌 수 있는 일은 전공이 아니다.* 나는 그렇게 시작한 친구들 중에 가장 마지막으로 남아 있는 음악 하는 사람이다. 같이 시작한 나머지는 결국 다른 길로 가게 되었다.

중학교 때부터 음악을 시작했다. 일반고를 나오고 대학은 판소리 실기로 대학원은 이론으로 준비해서 박사과정을 준비하고 있다. 진작 진로를 정했기 때문에 졸업 후에는 진로에 대한 고민보다는 내가 배운 것을 알려주고 싶다는 열정으로 가득 차 있었다. 정말 좋아하는 일이었기에 먹고 살아야 하는 부분들을 이겨낼 수 있었던 거라고 생각한다.

그렇게 힘들었지만 노력은 배신하지 않는다는 것을 음악하면서 많이 느끼게 된다. 그렇게 해도 알아주는 사람은 없고, 20대에는 배움에 목마른 시간들을 보냈지만, 하나씩 열매가 만들어지면서 사람들이 나를 알아보고 TV도 나오고, 인지도도 높아지고 상도 받게 되고 하나 씩 자리를 잡아가는 일들을 경험하게 된다.

하나를 하고 싶은 간절함이 있으면 어떻게든 하게 되는 것 같다. 지나간 순간들은 결코 쉽지 않은 시간들 이었지만, 내 안에 버리지 않고 끝까지 두었던 꿈에 대한 간절함 덕분에 내가 꾸었던 꿈들은 시간이 지나면서 하나 씩 이루어지게 되었다. 특히, 고등학교를 졸업한 20대는 무엇이든 시작할 수 있다. 학창시절에는 어른들의 통제로 할 수 없는 일들, 결혼을 하면 하지 못하는 일들을 20대에는 충분히 도전 할 수 있는 시간들이었다.

내 꿈은 같이 울고 웃는 음악을 하는 것

앞으로는 꿈을 쫓기 보다는 하고 싶은 음악을 하면서 시간이 되면 못 쓴 석사논문을 쓰고, 박사 과정을 하면서 깊이 있게 국악을 공부하고 싶고, 시간이 된다면 다양한 음악들을 만들고 많은 사람들과 함께 하고 싶다. 훗날에는 대학 강의도 하고, 교수도 되고 싶다. 처음에는 전통만이 음악인 줄 알고 전통음악만 모방하고 따라서 많이 했다. 전통 국악도 하면서 퓨전국악공연도 해 보니까 전통만 했을 때보다 또 다른 재밌는 맛이 있었다. 전통과 예술을 잘 조화 시켜서 하나의 예술로 승화시키는 것도 좋았다. 그래서 많은 분들이 공감할 수 있는 음악을 앞으로 하고 싶다.

정말 꾸준하게 노력하는 사람에게는 타고난 음악성도 이길 수가 없다. 나는 진짜 음악성이 없는 사람 중 한명인데 하나를 배워도 반 밖에 안 배운 사람에게도 매 번 안 되는 것을 느꼈다. 배웠는데도 안 되지? 반복을 하면 겨우 되는 것이었다. 그렇게 계속 반복을 하니까 두 번 할 것 한 번 하게 되고 그러면서 점점 발전 해 갔다. 음악에 대한 간절함은 힘든 시간들을 지나가게 했다.

적어도 어떤 일을 할 때 10년은 하고 뒤를 돌아보고, 이 길이 내 길인지 아닌지 얘기해라고 조언을 들었다. 이제 20년이 되어가고 있다. 정말 일이 좋아서 시작했으면, 뿌리를 뽑을 때까지 단단한 마음을 가지고 시작해야 한다는 마음은 어떤 일이든 마찬가지 인 것 같다. 무슨 일이든 공짜는 없으며 시간이 필요한 것이다.

내가 진짜 원하는 것이 무엇인지 생각하고 난 뒤 마인드맵을 그려서 하나씩 실천 해 왔는데, 무엇을 할지 캄캄 하다면 추천하고 싶다. 20대는 결코 꿈을 이루기 위한 시작을 하는 것이 전혀 늦지 않은 나이이다. *꿈을 꾸고 있다면, 지금 시작하면 좋겠다.*

스무 살! 불확실한 미래

국악을 시작한 그녀가 스무 살이 되었을 때 가진 것은 배운 것을 알려주고 싶은 마음이 전부였다. 아무것도 없었다. 오히려 국악을 하겠다는 그녀의 인생에 찾아온 것은 불확실한 미래였다.

갑자기 찾아온 꿈

어떤 사람의 제안이 나의 마음과 맞아 떨어질 때 그것은 내 꿈의 시작이 될 수 있다. 사람들의 말에 휘둘리면 안 되지만 혹시라도 내 길이라는 생각이 들면 놓치지 말아야 한다.

간절함, 지금을 이기는 에너지

국악인의 꿈을 향해 가는 길에 안정되지 않은 삶의 시기가 있었다. 하지만 고민의 시기에 꿈에 대한 간절함이 그녀를 이겨내게 해 주었고 계속 국악인, 음악인의 길을 가게 만들었다.

스무 살은 불확실하다. 하지만 반대로 말하면 가능성이 많다는 말이기도 하다. 가능성이 많은 대신 스스로를 증명해 나가야 한다. 방향성이 정해져 있지 않으면 마음을 둘 데가 없다. 하지만 방향성만 정해져 있다면 한 번씩 비가 내리고 태풍까지 오더라도 결국 갈 곳이 정해져 있기에 이겨낼 수 있다.

하지만 어느 날은 과연 이 길이 맞을까 생각할 때도 있을 수가 있다. 그리고 우리도 설악산 정상의 풍경이 정말 멋진 것은 알지만 올라가는 길이 힘들기에 중간에 포기하고 다시 내려오는 경우가 있는 것처럼 꿈을 이루어가는 길을 접는 경우가 많다는 것을 본다.

사회초년생이 되어 열정을 가지고 나갔지만 막상 부딪힘이 많을 때 이 길을 계속 가야할지 고민할 수밖에 없다. 하지만 순간의 결정이 내 미래를 결정하기도 한다.

인터뷰한 그녀는 겉보기에는 정말 고생 없을 것 같고 순탄하게 음악의 길을 걸었을 것 같다. 하지만 그녀의 시작은 제로(0)에서 시작되었고 누구보다 힘든 시간들이 있었다.

숱한 상황들은 그녀를 포기시키려고 했지만 오히려 한 분야에서 10년은 해 봐야 된다는 말을 선택했다. 그녀를 버티게 한 것은 눈에 보이지 않는 어떤 무언가 였다. 그녀는 국악이라는 음악을 선택했고 우리 음악을 알리고 싶다는 가치를 가지고 있었기 때문에 가능한 일이었다.

어느 날 갑자기 찾아 온 '국악 해 보지 않을래?'라는 아버지의 제안은 그녀의 꿈이 되고 인생이 되었다. 누군가 당신에게 꿈을 제안 할 때 내 마음이 허락한다면 한 번 고려 해 보는 것도 좋을 것이다. 꿈이 갑자기 찾아 온 것인지도 모르니까!

꿈에 대한 간절함은 아픈 청춘으로만 남았을지도 모를 시간들을 꿈을 이뤄가는 과정으로 만들었다. 가슴 아픈 누구에게는 때로는 간절한 꿈이 필요하다. 그러면 그 시간이 지나가는 것이 쉬워진다. 시간은 지나가고 꿈은 다가온다.

꿈은 이루어지기 때문에 아름다운 것이다.

이상진

꿈은 이루어진다

단단 다라 단단 다라…… '미션 임파서블'의 멜로디를 좋아한다. 홍대 거리를 걷다가 기타리스트의 핑거스타일이라고 불리는 기타 주법으로 연주하는 연주소리를 들었다. 몰입하게 되었고, 심장은 멜로디를 따라서 뛰기 시작했다. 그리고 뭔가 모르게 기분이 좋아졌다. 이렇게 사람의 기분을 만지고 고무시켜 주는 음악을 좋아한다.

어떤 일을 찾아야 할지 몰라 그냥 이 곳 저 곳 이력서를 넣을 수 있다고도 생각한다. 지금 하는 일을 그냥 치우고, 내일이면 그냥 자유인이 되고 싶은 생각이 굴뚝같을 지도 모르겠다. 이럴 때, 음악을 들으며 잠시 깊은 숨을 돌려보면 생각이 떠오르기도 한다. 숨을 돌려야만 다시 시작 할 수 있다. 어떤 음악이든 당신의 마음을 만져 주고 있다면, 분명 좋은 음악일거라 생각한다.

업무 때문에 평상시 제대로 된 여행을 꿈꿀 수도 없기에 1년에 한 번 친구랑 부산에 갔었다. 몇 년 전 페스티벌 이야기를 온라인 음악카페에 올렸다. 당시 많은 분들이 댓글을 달아 주셨는데, 당시에도 블로그 활동을 하고 있었기에 상진님과의 만남은 온라인 카페이서 시작되었다.

굉장히 열정이 많은 분이었고, 꿈 인터뷰 요청을 하게 되었다. 서울에 갈 일이 있었고 분당을 방문해서 인터뷰를 진행했다. 멀리서 왔다고, 친절하게 아카데미 안내를 해 주던 그 때가 생각이 난다. 그의 인터뷰 이야기는 꿈은 이루어지기 때문에 아름답다는 것!

늦다는 생각은 생각일 뿐

마지막이라고 생각하고 시작한 지금의 밴드! 물론 지금부터 시작이지만, 공연도 많이 하고, 각 대회에서 좋은 결과도 내고 있고, 좋은 일들도 많아서 즐거운 하루를 보내고 있다. 하지만, *그러기 전까지 힘든 일들의 연속이었다.* 때로는 집을 나와서 컵라면이 주식이 된 적도 있었고, 견디기 힘든 일들이 집에서 일어나기도 했다. 돈 때문에 고민하기도 여러 차례였다.

삼수를 하며 늦게 음악을 시작한 나는 지금은 밴드의 베이시스트이며, 싱어 송 라이터 이다. 기타레슨을 마치고, 늦게까지 시작해서 새벽까지 이어지는 밴드 합주연습도 팀원들과 호흡이 잘 맞아서 즐겁기만 하다. 항상 스스로에게 만족하지 못 한 나였는데, 최근 세계밴드대회 한국 결승전에서 되었다. 팀 적으로는 더 좋은 결과를 바래서 아쉬운 점이 있었지만, 개인적으로는 나 자신도 놀라운 일이었다.

사춘기가 없는 사람도 있을까? 다른 음악 하는 친구들과 비교하면 늦은 고3때 진로를 결정하게 되었다. 하지만, 청소년 병이라고 하는 사춘기는 어김없이 나를 힘들게 하며 음악을 제대로 할 수 없었다. 재수를 했는데, 손을 다쳐서 깁스라는 변수가 생겨서 삼수를 해서 대학교를 들어갔다. 나는 '루비스타'라는 밴드의 팬이었다. 바로 그 밴드의 드럼치는 형을 알게 되었는데 교회 선생님이기도 했다. 보컬누나는 얼굴도 예쁘고 실력도 좋았다. 결국 팬이었던 밴드에 합류하게 된다. 대학밴드는 멋있음으로 했다면, 23살 합숙하며 시작한 밴드는 하면서 느낀 것이 *쉬운 것이 아니구나.* 이었다.

사회초년에는 음악 외의 일도 했지만, 대부분 음악과 관련된 일을 하면서 한 번도 음악을 손에서 놓아 본적은 없었다. 해병대에 가려고 했는데, 사정상 병역특례요원을 했다. 대부분은 2년을 하지만, 3년을 하게 되었다. 또 힘들었던 점이 아버지가 암에 걸리셨던 것이다. 복무가 끝나고 기쁜 마음으로 엄마에게 전화를 한 순간 엄마는 울면서 이야기 하셨다. "아버지가 뇌경색 판정을 받으셨다." 통화할 때, 랜덤으로 노래를 듣고 있었는데 끊는 순간 나온 노래는 인순이의 '아버지'였다. 전철에서 집에 가는 내내 오열하면서 처음으로 울어 봤다. 그리고 다음에 바로 음악을 하지는 않았다.

이후 겉은 화려하지만 내부 사정은 전당포, 금정 거래소 등 발로 뛰어야만 하는 명품 멀티샵에서도 일한 적이 있었는데, 당시에 영업에 대한 것을 배울 수 있었다. 그러다가 어떤 형을 만나 일산에서 팀을 만들어 곡을 만들어 편곡하고, 공연을 다녔는데 돈이 없어서 힘든 시기였다. 형의 추천으로 분당에 음악 아카데미에 일하러 가게 되었는데, 처음에는 대박이라고 생각하고 갔지만, 월급을 받지 못하는 일도 있었다. 숙소에 대한 약속도 지켜지지 않아 학원에서 자게 되었고, 컵라면으로 끼니를 때웠다. 그 때는 옆에 있는 학생들과 형들과 어울리면서 위로가 많이 되었다. 그 와중에도 정말 일은 열심히 했고, 블로그 하는 방법도 알게 되어 일 방문자수 1000명을 찍기도 했다. *하지만, 다시 뭘 먹고 살지 막막해서 또 걱정을 하게 되었다.*

그래서 유치원에 나가서 아이들에게 우쿨렐레를 가르쳤다. 2년 정도 지나서 성인레슨도 하게 되었다. '뭉클'이라는 이름으로 '나의 봄'이라는 곡을 내고, 아는 형과 함께 '노 엣지'라는 이름으로 '같이 갈래', '그게 잘 안 돼' 2곡을 냈다. 나한테는 하나의 시도였다.

앨범을 내는 것 자체가 큰 의미가 있었다. 그리고 이후로는 레슨생이 늘어나서 레슨만 쭉 하다가 지금 팀의 보컬 형이 연락이 와서 밴드를 해 보자고 했다. 한 번의 팀 와해를 거쳐 2016년 8월 28일쯤 다시 한 번 결성된 팀이 '파이커'이다. 매주 모여서 밤부터 새벽까지 연습했고, '이머겐자'라는 세계밴드대회를 알게 되어서 준결승에서 1등으로 결승진출을 하고, 결승전에서는 3등을 하게 되었다. 꾸준히 길을 가다보니 좋은 일들이 생겼다.

'파이커'로 기억해줘 싱글앨범을 내게 되었고, 힛 더 파이커(Hit the piker)라는 미니앨범을 내고, 활동을 열심히 하고 있다. 이제는 *음악을 늦게 시작해서 후회한다는 생각은 전혀 없다.* 처음에는 삼수까지 하고, 힘든 시간들을 보냈지만, 꿈에서 벗어나지 않기 위해 길을 가고 있었더니 꿈꾸던 일들을 이뤄나가고 있다는 점을 꿈을 꾸며 달려가는 누군가에게 나누고 싶다.

내 꿈은 최선이라는 순간을 즐기는 것

앞으로 일은 나도 알 수는 없다. 내가 밴드로 성공을 할지 싱어 송라이터로 성공할지 알 수 없지만, 내 삶은 어떤 꿈이 생기든 열심히 살 것 같다. 지금까지 어떤 순간이라고 할지라도 모든 일에 최선을 다해왔기 때문에 앞으로도 그렇게 할 것이다. 지금은 먼저 밴드의 노래가 좀 더 많은 분들에게 알려질 수 있게 노력할 것이다. 앨범을 내는 활동, 공연활동, 존재를 알리기 위해서 대회를 나가는 등의 일들을 계속하려고 한다. 우리 음악을 통해서 많은 분들이 즐겁고 힘을 얻었으면 하는 생각이다. 그리고 반드시 그렇게 되도록 계속 노력해 나갈 것이다.

나는 성공한 사람이 아니고 이뤄가는 사람이다. 꿈은 이룰 수 있기 때문에 아름답다. 왜냐면 그렇게 믿기 때문에 이렇게 활동 하고 있다고 생각하기 때문이다. 계속해서 내가 이룰 수 있다고 믿는 꿈들은 도전할 것이다. 그리고 성취해서 원동력으로 삼고 또 다른 꿈에 도전할 것이다. *허황된 꿈을 계획으로 삼는 것이 아니라 내가 할 수 있는 일들부터 계획하고 실천해서 이뤄갈 것이다.* 그건 가능한 일이니까!

음악인이 화려하게 보지만 이면에는 힘들고 초라한 부분이 많이 있다. 예술인이 생활고로 자살하는 사람들도 있다. 끼니 때울 돈이 없어서 힘들게 음악 하는 분들을 보면, 뭔가 속에서 꿈틀꿈틀 대는 것이 있다. 내가 잘 되면 그리고 할 수 있다면, 그런 분들을 돕는다는 표현은 그렇지만 무언가라도 하고 싶은 생각이다. 이 부분에 대한 구체적인 계획은 없지만, 무언가 할 수 있을 때 꼭 하고 싶다.

20대는 불안했던 것 같다. 30대도 뭔가 취직을 하지 못했을 때 소속되지 않은 것에 대한 자괴감이 있지 않은가! 하지만, 점점 큰 문제가 지나고 나니까 그 문제는 그 무게가 점처럼 작아졌다. 지금 불안하고 힘든 것들 일어난 것도 있지만, 밥 굶는 것도 아닌데 미래에 대한 불안감이 현실보다 앞서 있을 수 있다고 생각한다. 하지만, 이건 인간이라면 짊어지고 가야하는 부분이라서 *제 3자의 입장에서 자신의 상황을 본다면 좀 더 걱정이 줄고, 제일 중요한 것은 내가 좋아하는 것을 찾는 것이 아닐까 생각한다.*

세상은 돈 많이 버는 것을 최고로 치고 있다. 무엇으로 돈 벌어야 하는 것을 알지 못하는데 그냥 공부하고 토익치고 좋은 회사 가는 것이 목표가 되고, 실제적으로 인생사는 법을 배우지 못하고 사회에 나가게 되니까 좋은 회사 취직해도 건강하게 보이지 않는 사람들도 많이 봤다. *그래서 꿈을 먼저 갖게끔 여러 가지 경험을 해 보는 것이 중요하다고 생각한다.* 좋아하는 일과 잘하는 일을 생각 해 보고, 현실적으로 이룰 수 있는 꿈을 정확하게 계획을 세워가면서 꿈을 향해 걸어가면 만족하는 삶을 이룰 수 있다고 생각한다. 지금의 상황들을 고민하는 분들, 나도 정말 응원한다.

뜻밖의 소식

그는 음악인으로서는 조금 늦은 나이인 고3때 진로를 결정하고 삼수까지 했다고 이야기 한다. 아버지의 뜻하지 않은 암이라는 소식은 한 순간 그를 좌절 시켰지만 음악인의 길을 묵묵히 걷기로 했다.

멋져보였던 기타

그를 멋진 사람으로 보이게 해 줬던 기타 치는 순간! 그 순간은 스스로가 멋져보였다는 '기타 치는 순간'이라는 동기부여가 음악이라는 꿈을 시작하게 했고 이제는 음악에 대한 책임감을 가지고 음악을 하는 사람이 되어 꿈을 이어가고 있다.

할 수 있는 일들에 최선을

아버지의 뜻밖의 암 선고와 현실 속에서 만난 예기치 않은 상황들 속에서도 속에서도 할 수 있는 일들을 계획하고 실천했더니 꿈은 이루어져가고 음악인으로서 성장하고 있었다.

사회초년에 꿈이 있다는 것은 정말 멋진 일이다. 어떤 사람은 성인이 되었으니 스스로 돈을 벌어서 쓰고 싶다는 꿈을 가진 사람도 있을 것이고, 내가 쓰고 싶은 것을 위해 돈을 번다는 생각조차는 할 수 없이 생계를 위해서 돈을 벌고 싶다는 꿈을 가진 사람도 있을 것이다. 또는 어떤 직업이 어떤 가치가 꿈이 될 수도 있을 것이다.

힘들고 버겁고 벗어버리고 싶은 꿈이든 정말 이루고 싶은 꿈이든 그렇게 꿈을 꿀 수 있다는 자체가 멋진 일인 것은 지금 노력하고 꿈을 향해 나가는 사람에게 꿈을 이룰 수 있는 기회들도 존재하기 때문이다.
세상은 불공평한 것이 사실이다. 하지만 불공평한 세상을 이겨낸 사람에게 찬사를 보내는 것도 사실이다. 그의 이야기는 꿈은 이루어지기 때문에 아름답다는 것!

늦었다고 생각하고 있지는 않은가?

인터넷에서 보게 된 고2 학생의 고민은 자신이 무언가 꿈꾸기에 늦었다고 생각하는 것이었다. 나도 고등학생 때 그렇게 생각했던 적이 있다. 과연 10대인 그 학생이 무언가를 꿈꾸기에 늦은 나이일까?

우리 사회의 대다수의 모습이 아직도 학생들의 최종적인 꿈이 대학으로 제한하고 있다는 것을 알고 있다. 하지만 결코 누구도 꿈꾸기에 늦지는 않았다. 물론 나이와 상황에 맞는 직업이라는 것은 있을지 모르지만 누구든지 꿈을 꿀 수 있다는 사실이 평범한 사실이기를 바란다.

멋져보여서 시작했던 음악은 그의 진로가 되고 꿈이 되었다. 그도 당시에는 다른 예술 쪽으로 가는 친구들 보다 늦다고 생각했지만 지금을 보면 결코 늦은 것이 아니라고 이야기 한다. 멋져보여서 시작했지만 시간이 지나면서 음악에 대한 책임감을 생각하게 되었고 수많은 노력으로 음악인이라는 그의 꿈을 이뤄가고 있다.

지나간 아픈 시간들은 그가 음악인으로 성장해 나가는 원동력이 되었다고 생각한다. 상황을 탓하기 보다는 방법을 생각하고 실천하면서 꿈을 현실로 만들어 나가고 있다. 열정이란 것은 이렇게 포기하지 않고 할 수 있는 일들부터 계획하고 실천하는 것이라는 생각이 든다.
겉모습만 보고 선택한 당신의 일이라고 할지라도 재미를 느낀다면 의미를 찾고 할 수 있는 일들을 계획하고 실천해서 계속해서 발전시킨다면 분명 결과를 만들어갈 수 있다고 믿는다. 가슴 아픈 일들을 꿈에 실어보는 것도 방법이라고 생각한다.

사회초년이라는 성인으로서의 시작점을 지나고 있는 당신에게 필요한 것은 아직 포기가 아니라고 생각한다. 아픔을 털어내고 늦었다고도 생각하지 말고 꿈을 찾아서 또는 꿈을 이루기 위해서 오늘 한 걸음 또 내일 한 걸음 그렇게 걸어 나가 주기를 바란다.

뜻 밖에 찾아온 어려운 순간들에 넘어지지 말고 잠시 멈춰서 숨을 고르고 다시 걸음을 걸어간다면 뜻밖의 즐거운 순간들이 당신을 기다릴 거라고 믿는다. 꿈은 이루어진다.

큰 반대에도 묵묵히 나의 길을 간다.

정현수

컬러 오브 뮤직

나는 하겠다는데 왜 반대하는 걸까? 꿈을 이룬 사람들의 공식인 마냥 꿈을 가진 당신에게는 '반대'라는 단어가 앞을 가로 막을 때가 많다. 하지만 두렵고 힘들고 포기하고 싶은 그 순간을 꿈을 이룬 사람은 그냥 묵묵히 이겨낸다. 세상에서 가진 것이라고는 꿈 밖에 없는 사람에게 그 순간은 지나가야 할 태풍을 만난 것과 같다. 가슴 아픈 순간들이 지나가야 한다.

꿈은 처음부터 호락호락하지 않을 때가 많다. 꿈을 가진 사람은 무엇인가 많은 장애물들을 넘어서야 한다. 단순히 게임을 하는 것이라면 얼마나 좋을까! 꿈을 가진 누군가에게는 평범한 일상도 허락되지 않을 때가 있다. 이것이 꿈을 이루고자 마음 먹었을 때 일어나는 이런 기분 좋지 않은 일들 때문에 두렵고 힘들어서 꿈을 포기하는 사람이 많다는 사실을 우리는 잘 알고 있다.

하지만 또한 꿈을 포기하지 않은 사람이 여기에 있다. 그냥 애니메이션 음악의 아름다운 선율이 마음에 닿으면서 그는 치유되는 느낌을 받았다. 그런 음악을 하고 싶다는 꿈을 가지게 된 것이다. 하지만 입으로 그 사실을 이야기 하는 순간 현실은 이 꿈을 이룰 것이라는 이야기에 너는 이걸 하면 안 된다는 반대라는 답으로 대신했다. 오늘 햇빛이 가득한 일상을 맞이하고 싶다고 생각했는데 갑자기 폭풍우가 몰아치는 상황 속에 있는 것이다.

영화 신세계, 변호인, 군도를 당신은 봤을까? 영화 속에 나오는 음악은 영화의 흐름을 완벽하게 만들어준다. 영화 속에서 음악을 빼고는 완성된 영화를 상상할 수가 없다. 음악으로 마음이 따뜻한 위로를 받아본 적이 있나? 음악의 힘은 상상 이상으로 크다. 위로를 넘어서 사람을 살릴 수도 있고 엄청난 힘을 만들 수도 있다. 그는 이 영화들 속에 나오는 음악을 만들었다.

처음에는 아무것도 그의 손에는 없었다. 애니메이션 음악이 남긴 감동만이 그의 마음에 있었다. 아무 일도 안 되서 다 포기 하고 싶은 심정이라면 지금 한 번 그의 음악을 들어보면 위로가 될거라고 믿는다. 왜냐하면 가슴 아픈 순간들을 이겨낸 그의 손자국들로 만든 음악들이 아픈 당신의 마음을 만져줄 것이라고 믿기 때문이다.

왜냐하면 그의 음악 속에는 그가 지나온 마음과 경험들도 함께 담

겨있기 때문이다. 사회초년을 지나면서 아파하는 누군가의 마음을 아는 것은 그도 그런 시간들을 지나왔기 때문이다. 그의 음악은 당신을 이해하고 있다.

꿈을 이룬다는 것은 어떤 의미일까? 꿈이라는 단어는 너무나도 흔한 말이라서 꿈을 꾸면 당장 이룰 수만 있을 것 같다. 꿈을 꾸고 있을 때 나는 무엇이든 할 수 있는 사람이다. 그런데 그렇게 환상에서 깨고 난 뒤 꿈꾸던 곳으로 가려고 하면 나를 가로 막는 건 왜 일까? 하지만 알고 보면 꿈꾸는 자를 가로막는 비밀 같은 것이 있다는 걸 발견한다. 반대를 무릅쓰고 꿈을 이룬 뒤의 '성취감'이라는 단어는 말로 다 표현할 수 없는 분명 일상과 반대되는 단어인 것이다.

많은 분들과 꿈에 대해 나누기 위해서 동분서주 하며 인터뷰 요청을 하고 있을 때 흔쾌히 인터뷰에 응해준 그의 이야기가 글을 읽고 있는 당신에게 공감으로 다가가면 좋겠다. 지금에 오기까지 그는 충분히 힘들었고 이겨냈고 꿈을 이루었다. 거저 된 것은 없었다. 그의 시점으로 음악을 만들겠다는 꿈을 이룬 이야기를 지금 나누고 싶다.

허파에 바람 들어간 소리

오늘 내 꿈을 이야기 했다. *허파에 바람 들어간 소리 그만하고 공부나 해라는 소리를 들었다.* 꿈을 위해서 진로를 정한 나에게 돌아온 이야기이다. 주변에서도 영화음악 아무나 하냐며 따가운 시선과 괄시는 참 나를 힘들게 했다. 음대 작곡가를 가겠다는 나의 다짐에 집안의 반대는 생각 이상으로 심했다. 이대로 집에 계속 있을 수 없다는 생각을 자연스레 하게 되었다. 결국에는 집을 나가서 음악을 하게 되었다. 그리고 고맙게도 시간은 그대로 있지 않고 흘러갔다.

지금은 영화관에 앉아서 영화를 보고 있는 중이다. 신기한 것은 내가 만든 음악이 영화 속에서 영상과 함께 배우들의 대사와 함께 나오고 있다는 것이다. 나는 아무것도 없는 상태에서 시작했지만 이제 많은 것을 하고 있다. 어린 나이에 교수로서 학생들이 어떻게 좋은 작품을 만들 수 있는지 가르치기도 한다. 개인앨범이 나오면서 또 하나의 꿈이 이루어졌다. *결국 내가 꿈꾸던 일들뿐 아니라 꿈꾸지 않았던 일들도 이뤄지고 있는 것이다.*

어릴 때 만화영화를 좋아했다. 그 때 나왔던 음악이 마음에 들어 나도 만들어 보고 싶다는 생각을 했다. 7살 때 피아노를 시작하고 중3때 애니메이션에 나오는 음악을 듣는데 마음에 평화가 느껴졌다. 그리고 진로를 정했을 때부터 힘든 시간이 시작되었다. 집안의 반대가 제일 힘든 일이었다. 결국 집을 나올 수밖에 없었지만 그것은 반항이 아닌 2번 없는 선택지를 가진 것과 같았기 때문에 선택의 여지가 없었다.

영화 음악 감독의 길을 걸어가기 전까지 음악에 대한 뜻을 이루기 위해서 겪었던 상황들과 경제적인 고통은 내가 겪어야 하는 현실이었다. 하루에 한 끼 밖에 먹지 못하는 배고픔을 견디기 힘들었고 밖에서 자야하는 추위를 견디는 것도 싫었다. 집을 나와 세차장 알바하고, 편의점 알바하면서 생활비와 레슨비를 모아서 레슨을 받아 대학에 갔다. *집을 나와 담배도 한번 배워보지 않고 내가 뜻한 길을 가기로 결심했고 노력했다.*

대학교 3학년 때 드라마, 영화, 게임 회사 등에 포트폴리오를 보냈다. 그 때 내가 활동 할 수 있는 실력이 되는지 궁금했고, 이야기를 드린 것처럼 굶는 날들도 있었기에 돈도 벌고 싶었다. 7-8군데 지원을 했는데, 대부분의 회사에서 연락이 왔다. 그 때 '조금만 더 참고 공부해서 더 실력을 쌓으면 발전할 수 있는 계기가 되지 않을까' 라는 생각이 들어서 합격했지만, 학교도 그만둬야 하는 상황이라 취업은 하지 않았다.

대학원 2학년 때 이쯤이면 활동해도 되지 않을까 생각했다. 영화 '접속' OST를 선곡하신 조영욱 감독님께 전화해서 내 음악도 넣어달라고 다짜고짜 전화를 했다. 그렇게 '백야행'에 참여하게 되었다. 나에게는 기회였던 것이다. 그리고 영화 '군도' 이후로는 독립적인 영화감독으로 일 하고 있다.

사실 학창시절 때부터 꿈 때문에 큰 반대에 부딪히며, 묵묵히 제

길을 갔기 때문에 사회에 나와서 내가 할 일은 이미 내가 정한 것이었다. 음악을 만드는 사람이 되었고, 분명 음악작업이 쉬운 일이 아님에도 좋아하는 일이기에 즐겁게 일을 하고 있다.

당시 반대는 엄청난 고통이었다. 하지만, 이제 생각 해 보면 꿈은 사람들의 반대를 통해서 그 길이 옳다고 이야기 하는 거라는 생각이 든다. 내가 이렇게 했으니 이렇게 해 보라는 말은 할 수 없다. 단지 나는 이런 시간들을 견뎌 왔다고 이야기 하고 싶다. 가슴 아픈 순간에 있다면 지나간다고 이야기 하고 싶다.

계속 진행 중인 나의 꿈

당신의 꿈은 무엇인가? 나의 꿈은 아직 다 이루어지지 않았다. 영화음악은 영화만큼 부각되지 않는다. 몇몇 OST를 제외하면 영화를 부각시키는 보조적인 역할을 한다. 영상을 돋보이게 하는 작업을 계속하다보니 자신의 음악을 하고 싶었다. 그래서 생각한 것이 정규 앨범이었다. '더 컬러 오브 러브'를 발매하고, 세상에 절제미를 완벽하게 덜고 하고 싶은 음악을 세상에 알릴 수 있어서 기뻤다.

성공한 영화음악 감독이라고 주변에서는 이야기 해 주고 있지만, 나의 꿈은 다 이루지 않았다. 원래 디즈니를 보고 영화음악 감독의 꿈을 키운 것이기 때문에 최종 목적지가 디즈니인 것이 어쩌면 당연한 것 같다. 그래서 '한국인 최초 디즈니 영화감독' 이라는 타이틀을 달고 싶은 꿈도 가지고 있다.

'신데렐라', '미녀와 야수' OST를 좋아했다. 수능 시험 보러 갈 때도 들을 정도로 좋아했다. 디즈니 애니메이션 음악들을 듣고 있으면, 감성을 건드리면서 마치 꿈을 이뤄줄 것 같은 느낌이었다. 갖은 핍박을 뚫고 마법처럼! 당시 나름대로 그런 선율에서 감정 이입을 했던 것 같다.

영화음악을 주로 하면서 게임음악도 했고, 현대음악을 작곡하기도 했다. 클래식음악을 전공하고, 전자음악도 공부했고, 록밴드에서 드럼 채를 잡기도 했다. 다양한 음악들을 배우며, 음악의 스펙트럼을 넓혀 왔다. 사람의 감성을 만져주는 애니메이션 음악을 만들고 싶은 꿈이 남아 있다.

흔한 말이고, 너무 당연한 말이지만, 작곡가 세계에서는 정도를 걸어야 한다. 작곡가라면 열심히 곡을 써야 한다. 실력은 부족한데 인맥 등에 의존해서 자신의 곡을 알리다 보면 언젠가 그 부족함이 드러나기 마련이다. 어떤 일이든 그런 것 같다. 예술 한다는 것은 쉽지가 않다. 돈도 그렇고 주변 사람들 인식도 좋은 것이 아니다. 공부가 싫어서 겉으로 멋있어 보인다는 이유로는 작곡가가 될 수 있는 이유가 아니다. 음악도 엄청 공부가 필요하다.

수학, 물리학, 영어, 화성학, 대위법, 악기론, 관현악기법, 미디 프로그래밍언어(C C++ java)등 다 공부해야 한다. 예술가로서 가지는 지식은 자신의 작품에 다 드러나기 때문이다. 공부나 실험 등을 하지 않으면, 계속 비슷한 곡만 반복해서 나오기 때문에 공부와 연구가 필요하다. 단순히 기타치고, 피아노치고, 노래하고, 작곡한다면 음악 인생이 길지 못하다.

나는 창작하는 사람이고 싶기에 '작곡가'라는 수식이 가장 좋다. 나에게는 음악을 만들어 가는 것만큼 재미있는 일이 없다. 인생에서 꼭 재미있는 일을 많은 사람들이 찾았으면 좋겠다. 지금의 가슴 아픈 순간은 추억이 될 것이다.

음악인의 꿈을 꾸고 가족의 반대를 받아 집을 나와서는 힘들었다. 힘든 시간을 견뎌내며 음악공부와 학비를 버는 일을 하며 그 시간들을 지나왔더니 사회초년 시절에 도전하여 영화음악 감독이 되었다. 글을 읽는 어떤 사회초년생이의 힘든 시간도 결국 지나갈 거라 진심으로 응원한다.

가족의 반대. 주위의 비아냥거림

음악을 하고 싶다는 꿈을 가지게 되었다. 하지만 꿈을 이야기 한 순간 가족의 반대와 주위의 비아냥거림도 함께 시작되었다. 하지만 묵묵히 꿈을 향해 갔다.

마음을 만진 애니메이션 음악

어느 날 듣게 된 애니메이션 속 음악은 마음에 알 수 없는 평화로움 으로 다가왔고 영화 음악을 만드는 사람이 되게 만들었다. 음악의 감 동이 그에게는 꿈이 된 것이다.

반항이 아닌 선택

반대와 비난의 말들로 아팠을 순간, 집에서는 견딜 수 없어 나왔지 만 반항은 아니었다. 모두 안 될 거라고 아픔을 주는 순간에도 묵묵히 길을 갔다. 그리고 결국 영화음악 감독이 되었고 그의 음악은 아픈 마 음까지도 만져주고 꿈을 준다.

꿈이 있는 사람, 꿈이 없는 사람! 어떤 사람이 더 행복할까? 아이러니하게 한 순간은 꿈이 없는 사람이 행복할 수도 있다는 것을 본다. 꿈이 없어도 편안한 일상이 주어진다면 오히려 행복할 것이다. 반대로 꿈이 생겼기 때문에 주변의 공격을 받게 된다면 행복은 찾아올지 안 올지 알지도 못한 채 그 시간을 이겨내야 한다. 꿈을 포기하면 차라리 행복할지도……

하지만 간절한 꿈을 가진 사람은 지금 현실의 고통을 온 몸으로 막아내면서도 갈 길을 가게 된다. 왜냐하면 그게 꿈이니까!
내가 해야 될 일이 명확해졌을 때 주변의 반대도 명확해진다면 어떻게 할 것인가? 그 꿈을 포기해야 할까? 그의 선택은 반대에 무릎 꿇지 않았다. 아니 그럴 수 없었다. 너무나도 명확했으니까! 학비를 스스로 벌어야만 했다. 배고픈 순간도 많았다. 결국에는 꿈을 이뤘고 꿈꾸지 않은 것도 이루게 되었다.

그의 곡 중에서 좋은 곡이 많지만 'color of love'라는 음악은 멜로디가 무척이나 아름다운 곡이다.
아픈 순간을 이겨내서 그런지 그의 음악을 들어보면 마음을 만져주는 느낌을 받는다. 그의 음악은 아름답고 때론 웅장하고 다양함이 공존하며 감동을 준다.

혹시 어떤 것에 감동 받아 꿈이 생겼다면 그 꿈을 너무 가볍게 여기지 말았으면 좋겠다. 당신의 꿈이 이루어지는 때에 많은 사람들이 감동 받을지도 모르니까! 꿈은 감동에서 시작될지도 모른다. 감동을 놓치지 말자. 지금의 아픔을 극복하고 나면 누군가의 감동이 될 것이라는 기대감을 누려보는 마음의 여유가 있으면 좋겠다.

아프니까 청춘이다?
아니, 너무 많이 아프지 않았으면…

내 마음은 고쳐질 수 있을까?

미열이 시작 되면 도통 떨어질 생각을 하지 않는다. 지독한 독감은 아프다는 것을 사람들이 눈으로 보고 알 수 있지만 미열은 그렇지 않다. 그리고 생각한다. 언제 열이 떨어지려고 그러나… 알겠지만 그렇게도 괴롭히던 미열도 떨어지고야 만다.

사회초년생이 겪는 오늘이 언제 지나갈 것인가 하며 아픈 마음을 움켜지는 날들도 결국에는 지나간다. 젊은 날들 겪어야 했던 하루가 어떻게 지나갔는지 지금 생각해 보면 신기하다. 웃을 수 있을까 의심했던 날들도 지나갔다. 겨울 다음에는 봄이 오는 우리가 알고 있는 진리처럼 인생의 추운 시기도 지나 왔다 가는 것을 반복하기도 한다. 하지만 아주 어린 아이는 감기를 견디기 힘들어도 어른이 되어갈수록 점점 감기를 이겨내는 것이 쉬운 것처럼 인생도 마찬가지임을 알게 되었다. 그럼에도 불구하고 추운 것은 추운 것이다. 아픈 것은 아픈 것이다. 그래, 알고 있다. 시간이 필요하다.

앞서 인터뷰한 음악인의 지나온 시간들이 결코 깔깔거리며 웃는 시간들이 아니었다는 것을 인터뷰를 하며 쉽게 알아챌 수 있었다. 하지만 음악이라는 꿈을 가지고 한 길을 걸어가며 힘든 시간들을 이겨내고 계획한 것들을 어려운 상황 속에서도 하나씩 실천했다는 평범하면서도 실천하기는 생각보다 어려운 일들을 했다는 이야기들은 나 역시 다시 돌아보게 했다.

다시 한 번 질문을 던져본다. '내 마음은 고쳐질 수 있을까?' 정답은 나에게 달려있었다. 나는 마음에 아주 작은 희망을 가지고 있었다. 20대에는 항상 울어서 눈이 부어있고 남이 보면 감추어 내며 갑자기 힘들어진 현실들과 이겨내야 하는 실제상황에서 할 수 있는 일은 '기대'하는 것이었다. 미래를 꿈꾸는 것이었다. 희망을 가지는 것이었다. 내 마음도 당신의 마음도 고쳐질 수 있다고 믿는다. 내가 그랬던 것처럼 당신도 내일을 기대했으면 좋겠다. 아무리 기대할 수 없는 상황이라도 그렇게 했으면 좋겠다.

사회초년 시절을 돌이켜 보니 상처받은 내 마음들이 고쳐진 것은 다음과 같은 법칙들이 있었다.

치유의 법칙 1 _ 지금 상황을 인정한다

누구에게나 생각지도 않게 어떤 일이 발생했을 것이다. 난 잘못한 것도 없고 아무 일도 안 했는데 사건이 발생했다. 부모님의 이혼이든지 집이 망했든지 아픈 사람이 집안에 생겼다든지 사귄다고 만난 그 사람이 완전 내 생각에서 비켜간다든지 등등 상황은 무엇이든 있을 수 있다.

먼저 왜 이런 일이 생겼는지 돌이켜 봐야 한다는 것을 깨달았다. 대부분은 욕심이나 무지 등에 의해서 일이 발생했을 수가 있다. 내가 욕심낸 것은 없는가? 내가 모르고 있던 부분은 없는가? 짚어봐야 한다. 그리고 발견했다면 이 상황을 인정해야 한다. 그리고 이유를 모를 수도 있다. 그렇다면 일단은 다른 일에 집중해야 한다. 문제에 집중해서는 안 된다. 내가 알기 원하면 인생의 어떤 시점에서 분명히 알게 될 것이다.

어떤 상황이든 지금 내 눈앞에서 벌어지고 있는 일들을 인정해야만 한다. 불평한다고 상황은 바뀌지 않았다. 인정하고 받아들이면서 평정심을 찾았다.

치유의 법칙 2 _ 치유되기를 기대한다

아침만 되면 좋은 일이 일어나기를 기대했다. 감사는커녕 눈을 뜬다는 자체가 지옥 같은 순간들이 있었다. 다음 날 뜨는 해를 봐야 한다는 것이 거짓말 같았다. 해가 뜨면 달이 떴으면 좋겠다고 생각했다.

그런 순간에도 했던 일이 있는데 내가 나에게 '오늘도 좋은 일이 일어 날거야'라고 이야기하는 것이었다. 나 스스로를 많이 다독거렸다.

그렇게 한 날에 무슨 좋은 일이라도 일어났냐고? 나의 답은 더 안 좋은 일이 일어났다고 이야기한다. 또 그렇게 다짐한 날 무슨 좋은 일이 일어났냐고 물어 본다면 나는 또 정말 기대하지 않은 기쁜 일이 일어났다고 이야기 한다.

　인생은 네가 이겨낼 수 있는지 보자며 꼭 나를 시험하는 것 같았다. 하지만 매일 했던 기대훈련은 좋은 일과 나쁜 일을 겪어가는 나를 붙들어주며 결국 좋은 일이 내 삶을 지배하게 해 주었다. 결국 또 다른 문제가 주어졌을 때 극복하는 방법을 알게 해 준 것이다. 하지만 나는 안다. 내가 기대하지 않고 포기 했다면 나는 지금 없을지도 모르고 좋은 날들을 보지 못했을 수도 있다.

　죽고 사는 일이 마음에 달렸다는 이야기를 떠 올렸다. 마음을 지키지 못하면 무너지게 된다. 내 마음을 내 맘대로 할 수 없을 때가 분명하게 있다. 하지만 말의 힘은 우리 생각보다 크다는 것을 점점 느낀다. 상처 입은 아픈 마음 역시 계속 아프다고 하면 아프지만 곧 좋아질 거라고 스스로 말해보면 점점 좋은 일들이 생긴다는 것을 알았다.

　나쁜 일이 일어날 것을 기대할 것인가 좋은 일이 일어날 것인가를 꿈꿀 수 있는 것은 사람만이 할 수 있는 능력이니까 아프다고 느끼는 누군가는 꼭 사용하기를 바라본다.

치유의 법칙 3 _ 혼자 있을 때라도 억지로 웃어본다.

혼자 있을 때 웃는 사람은 어떤 사람이라고 생각할까? 미친 사람일까? 아무 일도 없는 웃고 있으니 말이다. 우리는 웃는 것이 쉬울까 아니면 어려울까? 아니면 그냥 잘 안 되는 걸까? 얼굴 근육이 세상의 차가운 온도에 부딪혀서 굳어버렸을까?

우리 뇌는 참 신기하다. 그냥 입 꼬리만 올려서 미소 지어도 내 감정과는 별개로 웃는 것으로 인식한다는 이야기를 들었다. 사실 나도 웃기는 많이 웃어도 정말 편안하게 마음 깊은 곳에서 우러나서 행복하게 미소 지을 수 있는 사람은 아니었다. 오히려 처음에는 차갑다는 이야기를 많이 들었었다. 하지만 웃는 것이 좋다고 해서 거울을 보며 혼자 웃는 연습을 해 보기도 했다.

아마 자신의 얼굴 표정 따위는 신경 쓸 수 없을 정도로 마음이 아프기도 하고 일이 바쁘기도 할 수 있다. 하지만 나의 얼굴 표정 하나로 주변의 온도를 바꿀 수 있다는 사실을 깨달았을 때는 정말 많이 노력했다.

그리고 이 때 내가 깨달은 사실이 '내가 바뀌면 세상이 바뀐다.' 이었다. 세상은 정말 잘 안 바뀐다. 하지만 내가 있는 곳에서 내가 긍정적으로 바뀔 때 주변도 아주 조금씩 차도를 보인다. 바뀌는 것 같다가도 다시 돌아올 때도 있다. 하지만 그건 상황이 나를 시험하는 것이고 웨이트 트레이닝에서 목표량을 채워야 근육이 자라는 것과도 같이 시간이 필요하다는 사실을 알게 되었다.

 결론적으로 아픈 마음은 치유될 수 있다고 나는 말한다. 하지만 그런 상황이 발생하는 장소에서 도망쳐야 하는 경우도 있다. 몸이든 마음이든 학대를 당하고 있다면 분명 다른 장소로 도망가서 마음을 치유해야 한다. 마음은 치유될 수 있지만 정말 몇 천 번을 생각해도 목숨을 위협 받고 영혼을 위협 당하는 곳에 있다면 치유 받을 수 있는 곳으로 가야만 한다. 우리는 누군가에게 계속적으로 억압당해야 할 만큼 미천하지 않다. 하지만 매일 아프고 힘들지만 그럼에도 불구하고 이겨낼 수 있는 정도라면 꼭 이겨내기를 응원한다.

 오늘도 달력은 다음 페이지로 넘어간다. 아픈 하루의 페이지도 지나간다. 아픈 마음을 가진 당신이 이 챕터를 읽고 조금이라도 같이 공감할 수 있고 위로 받기를…….
 감기약이라는 것은 원래 없다고 하지만 우리는 감기에 걸렸을 때 감기약을 처방받고 복용하면 낫는다. 아마도 감기약을 먹으면 낫는다는 믿음 때문에 그런 것이 아닐까?

 세상을 살다보면 정말 별별 일들을 만날 때가 많다. 이런 일이 왜 나에게 일어날까? 그렇게 생각하며 지금 이 순간을 이겨낼 수 있을까 고민하기도 한다. 그리고 이겨낼 수 없을 것만 같다는 생각을 한다.

이 챕터의 이야기를 읽고 나면 감기약을 먹은 것처럼 점점 개운 해지면 좋겠다. 그리고 일어났을 때 누군가에게 상처 입은 마음들이 치유될 수 있기를 바라본다. 상처는 치유될 수 있다. 여기서 멈출 수 없다. 다시 일어나야 한다.

선택이라는
인생 시험지

바닐라 마카롱 아니면 티라미슈 마카롱?
점심은 김치찌개를 먹을까 돈가스를 먹을까

이 회사에서 일할까 저 회사에서 일할까
이 사람과 결혼할까 저 사람과 결혼할까

이것 아니면 저것을 선택해야 하는 순간
시험문제를 풀 듯 어떤 답이 맞는 걸까?

우연이 아닌 선택이 운명을 결정한다.

진 니데치(Jean Evelyn Nidetch, 1923~2015)

A 또는 B

    이런 경험을 한 적이 있다. 옷 가게나 인터넷 쇼핑을 하는데 살까 말까 고민하는 사이에 그 옷이 팔린 경험 말이다. 쇼핑을 했던 사람이 라면 한 번 쯤은 이런 경험이 있을 것 같다. 이런 선택의 순간은 우리 일상과 인생에서 끊임없이 우리에게 답을 요구하고는 한다.

    나는 조기졸업을 해서 취직을 했다. 진짜 꿈이 생기기 전에도 꿈이 없는 것은 아니었다. 오로지 어떤 가치도 반영되지 않은 꿈이기도 했 지만 그것은 좋은 회사에 취직해서 잘 먹고 잘 사는 것이었다. 하지만 1년 휴학을 거쳐서 대학교를 졸업하기 전에 명사로서의 직업이 아닌 어떤 의미를 담은 꿈이 생겼다.

    중어중문학과를 졸업했기 때문에 내 첫 직장은 한자를 가르치는 일 을 일단 선택하기로 했다. 그리고 나이가 들어서는 사업과 교육에 뜻 을 두고 있었기 때문에 회사에서 알려주는 것들을 열심히 배우고자 노력했다.

하지만 나는 또 생각해 본다. 내가 좀 더 나의 적성과 내가 해야 하는 일들을 빨리 알았다면 어떤 학과를 선택했을까? 물론 언어를 좋아하지만 그건 따로 배울 수 있으니 다른 과를 선택했다면 어땠을까? 매 번 내 앞에는 선택을 해야 하는 일들이 있었다. 좀 더 지혜로운 사람이 되기를 바랐었다.

지금은 내가 어떻게 해야 할지 명확해졌지만 그 때는 내가 결심한 일들에 대한 이유(Why)는 있었는데 방법(How)적인 부분들을 어떻게 해야 할지 알지 못했다. 난 계속 내가 할 수 있는 노력을 하고 있었다. 다행히도 시간이 지나서 또 알게 된 것 은 길을 찾아가는 그런 시간들이 헛되지는 않았다는 깨달음이다.

인생은 선택이다. 내가 사회에 발을 디딘 동생 같은 누군가와 이야기 하게 된다면 가능한 빨리 자신의 길을 알아차리기를 바란다고 말해 주고 싶다. 왜냐면 시간은 정말 빨리 지나가 버리니까! 또 지금 하고 있는 일들을 소중하게 생각하며 현실에 충실 하는 것도 중요하다는 사실도. 왜냐면 아직 자신의 길을 발견하지 못 한 누군가에게는 일상을 지나가며 자신의 길을 발견할 수 있기 때문인 것을 알았다. 앞에 펼쳐진 일상 속에서 어떤 길을 선택 하느냐에 따라서 미래는 달라진다.

'선택장애'라는 단어를 우리는 많이 들어봤다. 국어사전에서는 선택의 갈림길에서 어느 한 쪽을 고르지 못해 괴로워하는 심리를 뜻하는 신조어라고 뜻하고 있다. 이것을 '햄릿증후군'이라고도 한단다. 왜 이런 결정 장애를 우리는 겪게 되는 것일까? 나도 지금은 결정을 하려고 계속적으로 노력해왔지만 어쨌든 어려울 때가 여전히 많다.

작은 일이라고 하더라도 확실한 목표를 세우는 것이 좋다는 전문가의 견해를 들어본 것 같다. *인생에서 목표와 목적을 분명히 한다면 스스로 결정할 수 있는 능력이 더 향상되는 것 같다.* 나 역시도 인생의 목적이 없었을 때는 그냥 열심히 공부하고 취직하라는 말에만 순응했지만 나 스스로 목표와 목적이 생겼을 때는 분명 달라졌다.

그리고 돌이켜 보면 실패에 대한 부담감대신 그냥 부딪혀 보자는 생각이 많았던 것 같다. 결정을 못하는 경우는 실패에 대한 부담감을 겪는 경우가 많다고 한다. 물을 무서워하는 아이는 물에 대한 공포심과 물에 빠지면 어떻게 하나라는 실패에 대한 부담감이 있는 것이다. 조금이라도 젊었을 때 해 보는 것이 좋다고 생각한다. 물론 계속 도전만 해서도 안 될 것이지만 선택을 못 하는 것보다 도전하는 것이 낫다는 경험이다.

반대로 작은 성취라도 느낄 수 있는 목표에 도전해서 그런 일들을 쌓아간다면 나에게 맞는 일들을 찾아갈 수 있지 않을까 하는 생각을 한다. 돌이켜 보면 그것이 맞는다고 생각한다. 대부분은 어떤 것에 도전하기 전에 나는 이래서 못하고 저래서 못한다는 이야기뿐이니까! 해 보기 전에는 모르는 일이다.

대학교를 졸업할 즈음 그리고 막 사회를 나와 일 해 온 그들의 선택에 대한 이야기를 들려주고 싶다. 그들은 어떤 선택을 했을까? 그리고 그 결과는 어떻게 펼쳐질까? 인생은 반드시 선택의 순간들을 앞에 놓아둔다. 이 전에는 선택은 힘들다는 것 때문에 자유의지가 있는 것에 불평했다. 하지만 선택권이 있다는 사실은 행복이라는 것을 알았다. 사람들은 어떤 선택을 했을까?

하고 싶은 걸 위해서 해야 할 것을 한다.

차종우

꿈과 현실 사이

기타 한 번 배워볼까? 나도 계속 해 왔던 생각이었다. 시간이 부족해서 도저히 틈이 나지 않았는데 어느 날 기타를 배울 기회가 생겼다. 짧은 기간이었지만 경험이라도 해보고 싶은 마음에 발걸음을 옮겼다. 꿈 프로젝트 중 네일아트와 음악을 이용한 네일 버스킹을 생각하고 있었기에 더욱 끌렸었다.

일렉트로닉 기타, 베이스 기타, 드럼, 키보드 파트로 나눠져 많은 분들이 참여해서 배웠다. 베이스기타 파트를 알려주고 있던 대학생이었던 그는 친절하게 모든 참여자분들을 지도해 주었다. 그렇게 작은 공연을 두고 연습이 이어지고 마지막 날이 지나갔다.

그리고 시간을 내어달라고 요청해서 꿈 프로젝트에 대해서 이야기 했다. 네일 버스킹을 하는데 실제적으로 참여 해 줄 기타파트가 필요했기 때문이다. 그에게 취지를 이야기 하고 요청을 했더니 흔쾌히 함께 해 주었다. 이후 꿈 프로젝트 중의 네일 버스킹을 아무런 대가 없이 힘과 꿈을 나누기 위한 자리에 함께 해 주었다.

　꿈이라는 것은 하고 싶은 일이다. 현실이라는 것은 때로는 피하고 싶은 것이다. 전혀 다른 성격의 두 단어는 사람들을 고민하게 만든다. 꿈과 현실의 간격이 좁을수록 행복할 수 있다는 사실을 사람들은 알고 있다. 하지만 분명히 꿈만을 선택할 수 없는 순간이 있다. 하지만 꿈이냐 현실이냐 2가지 중 하나를 선택하는 것이 아닌 또 다른 방법이 있다면?

　뭐라고? 꿈 아니면 현실 중에서 선택하지 않는 방법이 있다고? 물론 누군가는 드라마틱하다고 느끼지 않을지 모른다. 하지만 이런 방법도 있다는 것을 나누고 싶다. 정말 그 꿈이 죽고 못 하는 꿈이라면 현실을 무시하고 가야하는 것이 그 사람의 가야할 길일 것이다. 하지만 그렇지 않은 경우가 많다는 것을 본다.
　세계적인 가수가 되고 싶다고 해 놓고는 보컬학원을 끊어두고 한두 달 정도 하고나서는 연습도 하는 둥 마는 둥 하는 경우는 정말 그 길이 아닐 것이다.
　어떤 경우는 정말 너무 좋아해서 하루에 10시간씩 연습을 몇 년간 하고도 스스로가 생각하기에 부족하다고 느껴서 현실을 해결하고 그 꿈을 조금씩 이루어가는 선택을 할 수도 있다.

　사회초년생들은 이런 꿈과 현실과의 사이에서 고민하는 경우가 많은데 어떤 선택이든 깊이 생각하는 것이 중요하다는 사실을 깨닫는 다.

대학생활을 마무리 하고 사회로 나갈 준비를 하는 그는 어떤 선택을 했을까? 우리가 쉽게 맞닥뜨리는 선택의 순간 앞에서 고민하듯 그도 역시 여러 고민의 날들을 지나 선택을 했다. 그것은 어떤 것일까? 그의 시선으로 이야기를 시작한다.

공부하고, 공부하고 일하고 그리고 취미 살짝

대학교를 막 졸업하고 이제 막 사회에 발을 디딜 준비를 하고 있다. 또래 친구들에 비해 늦게 졸업을 한 편이다. 군대도 2년짜리 꽉 채운 공군을 다녀와서 복학시기를 놓쳐 1년이 늦어졌고 학기 중에 호주에 워킹홀리데이를 가서 또 1년, 그렇게 동기들보다 2년이나 늦게 졸업을 하게 되었다. 그러고 나서 취업 준비를 하고 있다.

많은 취업준비생들은 꿈이라는 것이 있더라도 현실과 마주할 수밖에 없다. 그럴 때 일수록 나 자신을 객관적으로 분석이라는 것을 해보는 것이 필요하다고 생각했다.

인생의 궁극적인 꿈은 음악이 있는 삶을 사는 것이다. 꿈이라는 것을 말한다면 지금은 공연을 할 수 있고 사람들이 기타도 칠 수 있는

카페를 차리는 것이 꿈이다. 집에서 어머니가 음악을 자주 듣곤 하셨는데 그런 점이 나에게 음악을 좋아하게 영향을 미친 부분이 있는 것 같다는 생각이다.

하지만 지금 당장 그런 카페를 열 수는 없다. 음악만 하고 싶지만 음악만 할 수도 없다. 나는 선택을 해야 한다.

음악이 있는 삶을 살고 싶다. 그 형태는 어떻게 되든 상관이 없지만 어찌 보면 음악이란 것이 업으로 하는 게 아닌 이상 취미로 남을 수밖에 없다고 생각한다. 오래전 유럽의 여러 국가의 귀족들이 부유하게 살면서 남아도는 시간에 시나 음악, 철학을 발전시킨 것과 같이 취미생활은 기본적인 의식주 생활이 유지가 되어야 할 수 있는 것이라고 생각을 했다.

그래서 지금은 열심히 해서 만족할만한 직장을 얻고 돈을 번 다음 하고 싶은 것들을 차차 할 생각이다. 물론 처음에 음악 쪽으로 나가볼까 하는 생각을 안 한 것은 아니다. 그래서 음악학원도 다녀보고 공부도 해봤는데 아무래도 음악을 직업으로 가지기엔 실력이 약간 부족하지 않나 하는 생각이 들었다.

대학에 졸업하고 나서 주위를 둘러보니 먼저 취업한 친구들, 동생 그리고 아직 취업 준비를 하는 사람들이 많았다. 후배 누구는 벌써 번듯한 직장에 다니는가하면 동기는 공무원 준비를 하며 아직 공부를 하고 있다. 이렇게 근처 사람들이 먼저 하나 둘 취업을 하고 먼저 떠나가는 시기가 20대에서 가장 힘이 드는 것 같다. 나도 어서 빨리 저렇게 되어야 한다는 왠지 모를 불안감과 압박감……

이런 불안감과 압박감이 나를 몰아붙이는 상황을 일에 몰두함으로써 극복했다. 걱정하는 시간이 스트레스를 만들고 또 그 스트레스를 해소하기 위해서 해야 할 일을 못하고 놀고 싶다는 생각을 만드는 것을 깨달았다. 지금은 괜찮은 것 같다. *세운 계획들을 하나둘씩 이뤄가면서 목표했던 것들을 달성할 생각이다.*

하고 싶은 일을 위해 해야 할 일을 하자

살아가다보면 하고 싶은 걸 하는 시기에서 해야 하는 것을 해야 하는 시기가 온다고 한다. *하고 싶은 것을 위해 해야 할 것을 하는 대학을 졸업한 지금이 인생의 가장 중요한 전환점이라고 생각했다.* 하고 싶은 일만 한다면 좋겠지만 그럴 수 없는 시기가 있다. 그렇기 때문에 계획을 세우고 실천해서 해야 할 일을 하는 것이 내가 하고 싶은 일을 위한 시간을 앞 당기는 것이라고 생각한다.

앞으로의 계획은 계획했던 자격증을 취득해서 취직을 할 생각이다. 와중에 물론 아버지 일도 조금씩 도와 드리려고 한다. 몸에 열이 많은 편이라 여름에는 공부가 잘 안되는데 페이스를 잘 유지해서 목표한 것을 꼭 이루기를 바라고 있다. 물론 실천해야겠지만!

솔직히 대부분의 학생들이 공부를 왜 해야 하는지 생각하지 않고 하고 있다고 생각한다. 나도 그랬다. 어릴 때 그냥 부모님께서 시키는 공부와 학원, 남들이 친구들이 다 하니까 자연스럽게 의문을 품지 않고 하게 되었다고 생각한다. 하지만 지금 대학교까지 졸업한 마당에 그 질문의 대답을 생각하지 않고 공부를 하면 왠지 최선을 다하지 못할 것 같다는 생각이 들었다.

지금은 내가 하고 싶은 미래의 꿈을 위해서 공부를 하고 있다. 그렇게 하려면 돈이 어느 정도 들고 시간도 필요하다. 그러기 위해서는 괜찮은 직장과 벌이가 있어야할 것 같다는 생각이다. 너무나 현실적이지만 그 현실적인 것을 현실로 만들기 위해서 노력하고 있는 중이다.

나처럼 취업을 준비 중이라면 이유를 분명히 설정해두기를 권장하고 싶다. 그렇기 때문에 이루고픈 꿈을 만드는 것이 중요하다고 믿는다. 조그만 꿈이라도 하나 둘씩 이뤄가면서 인생의 활력소가 되는 일이 좋다는 생각이다. 어떤 것을 선택해야 한다면 하고 싶은 일을 위해서 해야 할 일을 하면 어떨까!

꿈과 현실 사이의 온도

좋아하는 음악과 현실사이에서 고민했다. 음악만 하고 살 생각도 했다. 하지만 냉정하게 판단하고 일을 가지면서 음악에 대한 꿈을 이뤄가기로 결정했다.

삶의 일부였던 음악, 잠시 뒤의 꿈이 되다

어릴 때 음악을 좋아하시는 어머니의 영향으로 음악을 좋아하게 되었다. 대학교 음악 동아리, 해외 버스킹, 기타레슨 등을 하면서 음악이 삶의 일부가 되어 음악카페를 하는 꿈을 위해 현실에 최선을 다하는 중이다.

어떤 것을 더 잘할 수 있을까?

어떤 것을 선택할지 그에게는 아주 큰 고민이었다. 그가 한 행동은 지금 그의 상황을 철저하게 생각해서 어떤 것을 더 잘할 수 있을지 선택했다. 그리고 음악과 함께 하는 삶을 살고 싶다는 그의 꿈은 여전히 현재진행형이다.

선택을 잘 할 수 있는 방법은 무엇일까 생각 해 본다면 먼저 내가 가장 지금 잘 할 수 있는 일을 찾는 것이 아닐까? 그의 선택은 무엇을 가장 잘 할 수 있을지에 대한 선택이었다.

나도 돌이켜보면 선택이라는 단어 앞에 서야할 때가 많았다. 인생은 선택의 연속이라고 했던 글이 생각이 난다. 선택은 '직감'을 필요로할 때도 있지만 '생각'을 필요로 할 때가 있다. 생각에 대한 해답을 내리기 위해서는 스스로에게 질문하는 방법을 추천하고 싶다. 예를 든다면 "나는 당장 돈이 없어서 배고파도 기타연주 하는 사람이 될 수 있나?" 이런 질문이다. 그리고 스스로에게 답해 보는 것이다.

사실 이 책에서는 경영에 대해서 다루지 않지만 내가 권하고 싶은 하나가 어떤 일을 하든지 경영에 대해서 알면 좋겠다는 것이다. 사실 기타 이야기가 나와서 말이지만 예술의 세계는 정말 생각만큼 쉬운 길이 아니다. 회사경영이 아니더라도 자기 경영에 대한 책도 많이 보기를 권하고 싶다.

중세시대 귀족들이 여가 생활로 예술을 발전시킨 것을 본다면 예술의 길은 정말 그 길을 가도록 선택받은 사람이거나 죽어도 안 된다는 사람 아니면 쉬운 길은 아니라는 것을 어른이 되고 더 느낀다. 지금은 예술과 산업과의 만남으로 이전보다는 좋아졌지만 스스로의 삶 전체를 두고 진지하게 생각하는 것이 필요하다는 점을 나누고 싶다.

사회초년생이라면 특히나 선택 때문에 고민하지만 반대로 생각하면 선택의 폭이 넓다는 것이다. 어릴수록 다양한 경험을 하되 미래를 꼭 염두에 두었으면 좋겠다. 생각보다 시간은 빨리 지나간다는 사실!

사실 그렇다. 스스로가 어리면서도 나이가 많다고 생각하는 경우도 봤다. 18세라면 많은 나이가 아닌데도 스스로는 늦었다고 생각하는 경우이다. 28세는 늦은 나이일까? 38세, 48세……. 이렇게 생각하면 다들 자신이 늦은 나이라고 할 것이다. 하지만 늦었다고 생각할 때가 가장 빠를 때라고 하지 않는가!

내가 좋아하는 문구가 있는데 "10대에 꿈꾸고, 20대에 배우고, 30대에 영향력을 발휘하라!"이다. 10, 20대에 영향력을 발휘하는 사람도 물론 있다. 하지만 일반적으로 20대에 본격적으로 사회에서 배우게 된다. 그래서 빨리 자신의 꿈을 찾는 고민을 하게 되면 나이가 들수록 선택에 대한 고민이 줄어들 수가 있다.

선택을 누가 대신 해 줄 수 있을까? 물론 선택할 때 누군가의 조언을 들을 수는 있지만 누군가가 내 인생 전부를 알지를 못한다. 그렇기때문에 결국에 선택은 내 몫인 것이다. 나는 때로는 이런 생각을 했다. 누가 나대신 선택을 해 주면 좋겠다고……! 하지만 애석하게도 그런 일은 일어나지 않았다.

선택은 고민하게 만든다. 날 밤을 세도록 할 때도 있다. 그렇게 여러 날을 고민과의 씨름으로 지난 뒤 내린 결정은 가장 잘 할 수 있는 일을 먼저 하자는 선택이었다. 어떤 용기는 충동일 때도 있는데 용기가 충동이 되지 않기 위해서는 생각이라는 과정이 필요하더라.

그는 음악을 하고 싶지만 객관적인 판단을 거쳐서 지금 할 일을 하고나서 하고 싶은 일을 하자고 결정 했던 것이다.

우리들의 시간 가운데 선택이라는 단어를 생각해야 할 경우는 몇 번이나 될까? 그리고 얼마나 괜찮은 선택을 할 수 있을까? 사실 어떤 정해진 답은 없지만 최선의 선택이라는 것이 있지 않은가! 최선의 선택으로 인생의 다음 단계를 즐겁게 넘어가기를!

기회는 준비된 사람의 문을 두드린다.

김경은

한국 VS 홍콩

'사느냐 죽느냐 그것이 문제로다.' 라는 셰익스피어 4대 비극 중 하나인 햄릿에 나오는 유명한 대사이다. 잔인한 화살이 운명처럼 꽂혀도 참는 것이 맞는지, 손에 창과 칼을 들고 나에게 달려드는 재앙과 맞서 싸워 이기는 것이 맞는지! 햄릿은 고민을 한다.

사회에 나가는 사람은 햄릿과 같이 정말 비장한 고민을 하는 사람들이 많다. 대학생은 적성을 살려서 취업을 할 것인가 아니면 다른 길을 갈 것인가 여러 번 고민을 하지만, 적성을 살리는 사람이 많지 않은 것도 어렵지 않게 주변에서 만날 수 있는 이야기이다.

인생은 어른이 되어갈수록 모든 것이 선택의 연속이다. 중학교에서 고등학교를 갈 때 청소년들은 인문계를 갈 것인가 실업계를 갈 것인가! 고등학생이 되어서는 나는 이과가 맞을까 문과가 맞을까! 어디서 일할까? 결혼은 누구랑 할까? 아마도 우리는 점심시간에 가장 깊은 고뇌를 하는 것은 아닐까! 오늘은 뭐 먹지? 김치찌개 아니면 된장찌개?

이번 이야기 속 그녀는 대학을 졸업 할 때 쯤 지인으로부터 홍콩에서 일 할 것을 제안 받게 된다. 지금보다 아직은 어렸던 그녀에게 서울도 아닌 홍콩에서 일을 한다는 갑작스러운 생각의 마주함은 충분히 선택에 대한 고민이 어색하지 않은 상황이었다.

바쁜 대학생활 속에서 일도 하며, 학점관리와 학교 임원 생활 등 열심히 살아가는 모습을 봤기에 기회가 아닐까 하는 생각이 들었다. 그녀와 같이 이에 대해서 많은 이야기도 나누었는데, 결국에는 어떤 선택을 하게 되었을까? 선택이라는 인생의 질문의 순간 앞에 선 그녀의 이야기는 작은 도전에 대한 결정이다. 그녀의 시선으로 다음 이야기를 이어간다.

하다 보니 지금 여기

홍콩을 갈 거야, 서울을 갈 거야, 대기업을 갈 거야. 이런 고민은 1도 없었다. 지금 어떻게 진로를 정할지 고민하고 있지 않나? 나는 지방에서 학교 다니며 홍콩은커녕 서울이나 대기업에 대한 환상도 없었다. 내가 있는 곳에서 재미있게 뭐든 하면 된다고 생각 했다.

하지만, 나 역시도 대학교 4학년 때 직무에 대한 고민이 아주 심각

했었다. 영문학을 전공으로 하고 경영학을 부전공으로 했는데 하고 싶은 것은 디자인이었다.

우선 결론부터 이야기하자면 일 하다 보니 뭘 잘하고 내가 뭘 좋아하는지에 대한 것이 명확해졌다. 하지만 앞서 말한 것처럼 처음부터 그랬던 것은 아니었다. 이건 지금 생각하면 말도 안 되는 운이었는데 준비가 되어 있었기에 기회가 왔다고 생각한다. 그리고 내가 원하다 보니 기회가 왔다. 지인의 소개로 생각도 안 한 홍콩 무역회사 디자인 파트로 가서 포트폴리오를 제출하고 입사하게 된 것이다.

그렇게 사회에 나와서 홍콩회사를 거쳐서 서울까지 와서 기획개발 업무를 하는 대리로서 하루를 살아가고 있다. 전체적인 회사의 브랜딩과 시스템 개발 업무를 진행하며 전체적인 기획이 끝나면 영업 기획으로 확장해서 유통 채널을 넓혀가는 일을 한다.

나는 대학교 1학년 때부터 웹 쪽으로 아르바이트를 계속 해 오며 일과 공부를 병행했었다. 홍콩으로 취업하기 전까지 4년 동안 웹 디자인일을 꾸준히 해 왔었다. 회사 사장님의 배려로 학교 스케줄과 업무 스케줄이 맞춰졌고 돈을 버는 것보다 그냥 출근해서 내가 하는 일이 너무 좋았다. 다른 사람들이 관련 자격증 따고 할 동안 나는 좋아하는 일을 꾸준히 해 오면서 자연스럽게 단체 속에서 사회생활이 무엇인지도 배우게 된 것이다.

사실 홍콩에 가기 전 집을 떠나는 것도 처음이라 고민을 했는데, 갈까 말까하던 나에게 친구가 "기회는 노력하는 사람과 준비된 사람만이 가질 수 있는 특권이야. 할 수 있잖아. 놓치지 말고 그냥 가. 도전해!" 그렇게 얘기 해 줬다. 엄마, 아빠 옆에 있을 거야 하고 안 갔으면 후회할 뻔 했다.

홍콩은 '능력'을 가장 중요하게 생각한다. 직설적으로 말하면 성격이 완전 안 좋아도 일 잘 하면 최고! 이럴 정도로 능력이 중요하다. 그래서 신입도 잘 안 뽑고 우리나라 공채의 개념이 없다고 당시 들었다. 같이 일한 회사의 대표님이 해 주신 이야기가 있다.

"대충 벌어 시집가려는 생각이면 짐 싸서 한국 가도 좋아. 그리고 열심히는 누구나 하는 거야. 네가 열심히 하든 안 하든 관심 없어. *열심히 하는 것보다 잘 해야 해.* 잘 못하면 바로 아웃이야. 나는 네가 충분히 잘 해 낼 꺼라 생각해."

이 소리를 들었을 때는 한국 다시 가고 싶다는 생각과 인정받고 싶다는 생각이 50%씩 왔다 갔다 했다. 그런 부담감에 처음 일을 대하는 나의 태도가 어색하고 일도 괜히 무겁게 느껴지기도 했다.

해외취업을 했을 때 행복한 점이 많았다. 물론 언어적으로 처음에는 곤란했지만 현지인과 직접 부딪히며 전문용어도 알아가고 내가 발전한다는 생각이 컸다. 또 여러 가지 일을 접하면서 내가 할 수 있는 영역이 더 커진다는 느낌이 정말 좋았다.

결론적으로 한국에 남을지 홍콩에 갈지에 대한 선택에서 홍콩을 선택한 것은 잘 된 일이 되었다. 디자인 일로 시작해서 더 큰 세계를 보고 나의 영역이 넓어지고 많은 일을 할 수 있게 되었으니까

환상에서 벗어나 지금에 집중하기

'빨리 결혼해야 돼'라는 생각을 계속 했었다. 이제 와서 보니 이런 건 그냥 환상이었던 것 같다. 누구를 만나서 결혼을 전제로 하는 만남을 가져야 한다는 생각을 가지고 있었다. 열심히 살다보면 꿈꾸던 사람을 만나고 그 때 결혼 생각을 해도 된다는 생각이다.

아직은 하고 싶은 것들이 많아서 하고 싶은 일들을 먼저 해 나가려고 한다. 지금 하는 일들에 집중하면서 또 내가 할 수 있는 것들을 찾아서 집중하고 싶다. 서울 온지 어느 정도 시간이 흘렀다. 그래서 여유시간을 즐길 수 있는 내공이 생겼다고나 할까!

일 안하는 시간에는 나 스스로 힐링이 되는 일들을 한다. 예를 들면 미술을 한다든지 한강에 돗자리 들고 가서 휴식을 취하거나 자전거를 탄다든지⋯⋯. 서점가서 책 읽고 쇼핑하는 등의 이런 방법을 알아버렸다. 아쉬운 건 나는 일 할 팔자라는 것이다. 이게 나쁘다는 건

아니고 그렇다는 것이다. 세계 여행은 언제 한 번 떠갈까?

나는 내 분야에서 만큼은 '전문가'가 되고 싶다. 무엇보다 부족하지 않는 평범한 삶을 살고 싶다. 바쁘게 살아서 돈 많이 벌고 싶은 생각보다 나의 24시간은 내가 만들어 나가고 시간에 끌려가지 않는 삶! 일한만큼 충분히 즐기면서 누리면서 살고 싶다.

'잘 하는 것을 해야 할까, 좋아하는 것을 해야 할까'라는 고민을 무지하게 했다. 정말! 내가 얻은 답은 좋아하는 것을 하는 것이 더 맞는다는 것이다. 좋아하는 것을 계속 하다보면 결국 그것 또한 잘하게 되어 있는 것 같다. 물론 직업으로 볼 때 전망을 무시할 수는 없는 점도 있다.

내가 좋아하는 일을 할 때는 아무 소리도 들리지 않고 시간가는 줄도 모른다. 그만큼 즐기고 있는 나 자신을 발견한다. 자발적으로 하고, 원하는 것이 무엇이고, 어떤 것을 할 때 가장 즐거운 지를 먼저 찾아서 자기인생을 살면 글을 읽는 지금의 누군가에게도 자연스럽게 기회가 찾아올 거라고 믿는다. 분명 기회가 올 것이다.

선택을 해야 하는 순간

홍콩에 갈지 한국에 있을지, 아니면 좋아하는 일을 할지 잘 하는 일을 할지! 이런 저런 고민 속에서 도전을 해 보기로 결정했다. 심각할 정도로 많이 고민하는 시간이 필요했다.

준비하고 좋아하는 일을 선택

결국 좋아하는 일을 선택했고 홍콩이라는 도전을 선택했다. 대학교 생활에서도 그냥 시간을 보내지 않고 학업과 좋아하는 일을 업무로 병행하던 그녀에게 자연스럽게 기회가 찾아왔다.

준비하고 고민하다

아픔이라기보다 고민이라고 할 수 있었던 진로 선택! 분명 학교생활과 업무하는 것이 쉽지 않은 일이었음에도 좋아하는 일을 하며 미리 준비되어지면서 취업 준비라는 시간을 줄여 사회초년생이 되었다.

참치 샌드위치가 충분히 만족스러운 데 굳이 클럽 샌드위치를 사러 나가고 싶은 생각나지 않는다. 사람은 지금 생활이 만족스러운 상황이라면 그것을 깨고 싶지 않다. 비행기만 타면 먼 나라 가는 것도 그다지 어려운 세상이 아니지만 여전히 익숙한 곳을 벗어나 멀리 가서 사는 것을 선택하는 일은 쉬운 일이 아니다.

샌드위치야 내일도 모레도 언제든지 만들어 먹을 수도 있지만 더 어려운 문제가 좋아하는 일을 할지 잘 하는 일을 할지를 결정해야 하는 순간이다. 이 문제가 그렇게도 어려운 이유는 스스로 확신이 서지 않고 결정하고 난 뒤 일어날 일에 대해서 책임을 져야하는 사람은 나 자신이기 때문이다. 이 문제는 한두 명이 고민하는 문제가 아니었다.

하지만 고민하다가 시간이 다 가버릴지도 모른다는 사실을 나이가 들어서 깨달으면 안 될 것 같다. 너무 시간이 아까 우니까! 그렇기 때문에 먼저 조금이라도 어릴 때 많이 경험해보는 것이 중요하다. 그녀 역시 일을 해 보면서 좋아하는 일과 잘 하는 일을 발견하게 되었던 것이다.

"도대체 내가 뭘 하고 싶은지 모르겠어요."
"내가 뭘 잘하는지도 모르겠어요."

이런 이야기를 많이 들어봤다. 어쩌면 당연한 일일 것이다. 인생을 살아가면서 어떤 일을 하면서 먹고 살아가야할지를 정하는 것이 쉽지 않을지 모른다. 그래서 정말 특별하게 좋아하는 분야가 없다면 부딪혀 봐야한다.

지금 시대는 쉽지 않은 시대임에 분명하다. 하지만 2명의 친구가 여기에 있다.

첫 번째 친구는 말하길 "먼저 한 번 해 보자."

두 번째 친구는 "나는 오늘도 어떤 일을 해야 할지 모르겠어."라고 이야기한다.

두 번째 친구는 어제도 이 이야기를 하고 아무것도 하지 않았다. 하지만 두 번째 친구의 심정을 이해한다. 정말 어떻게 해야 할지 모르기 때문이다. 아직까지 왜 사는지를 발견하지 못했을 것이다. 그것이 무엇이든 나 와 다른 사람에게 피해를 주는 것이 아니라면 좋아하는 일을 취미로 시작해 보자. 요즘은 검색만 하면 뭐든지 알려주는 시대이니 배울 수 있는 길이 많다. 그리고 그 취미가 내 천직이 될지 알 수 없는 일이지 않은가?

일단은 해 보는 것이 중요하다. 깊이 생각해 보고 빨리 움직여야 한다고 깨달았다. 그녀의 이야기도 일단 해 보라는 것이다.

당신의 이런 고민으로 메마른 일상에 경험이라는 촉촉한 단비가 내리기를 바라본다. 당신은 지금 고민으로 말라 수분이 필요하다. 경험이라는 비가 있는 곳으로 가보는 건 어떨까? 그 비가 달수도 있고 폭우일 수도 있지만 경험하고 나면 다 지난 일이 된다. 고민에서 점점 벗어날 것이다. 지금 쉼이 필요한 사람을 제외하고는 사회초년생인 지금 나의 천직이 무엇인지 모르겠다면 일단 경험 해 보자.

하루에서 최선을 선택하면 행복이 주어진다.

서현주

세상이 나를 보는 시선

'웃기지마 사람들은 너한테 큰 관심 없어!' 라며 사람들의 시선을 무시하고자 나 스스로를 훈련했던 때가 있다. 그러고 나니 또 너무 앞만 보고 달려갈 때도 있었다. 지금은 균형을 맞추고자 노력하고 있다.

사실상 그렇다고 한다. 큰 이슈가 일어나더라도 시간이 지나고 나면 사람들은 잘 잊어버린다. 사람이 망각의 동물이 아니었다면 일어나게 될 일들은 끔찍하지 않은가! 연예인 이야기를 하다가도 결국 다시 자신의 문제 해결에 집중하게 된다. 내일 있을 시험, 이번 주까지 마감해야 할 프로젝트 아니면 끓여두고 마시지 않은 커피가 불현듯 떠오르는 등 순식간에 이슈는 자신에게로 맞춰진다.

내 주변 사람들은 나를 어떻게 보고 있을까? 그렇게 생각하는 사람은 많다. 사실 어떤 시점부터 나는 그런 생각에서 많이 자유로워졌다. 하지만 그 시점 전에는 그렇지 못 했다. 사람들이 이것을 하니까 나도 해야 하는 것이 아닐까? 사람들이 저것을 하지 않으니까 나도 하면 안 되는 것이 아닐까? 그 사이에서 과연 옳은 선택을 할 수 있을지 지금 돌이켜보면 의문이다.

그렇다고 사람을 무시하라는 말이 아니라는 것은 이해하리라고 생각한다. 이것은 사람들을 배려하지만 사람들의 말에 붙잡히거나 결정적인 순간에 사람들에 의해서 자신을 결정하지 말라는 말이다.

귀여운 말투가 묻어나는 댓글들로 항상 기분 좋게 만들어 줬던 이웃이 있다. 대학생이었던 그녀는 어느덧 졸업을 앞두게 되었고 아이들을 가르치게 된다. 세상의 시선에 가야될 길들을 잠시 고민기도 했지만 결국은 원하는 길을 찾아가고자 노력했다. 많은 친구들은 취업을 하는 상황 속에서도 섣부르게 취직을 위한 구직활동이 아닌 경험을 쌓는데 노력하면서 원하는 길을 찾아갔다. 사람들의 시선을 잠시 뒤로 하고 이 이야기를 들어보는 건 어떨까? 이제 그녀의 시선으로 들어간다.

'시선'대신 '행복'

오늘 정말 충격을 받았다. 교대를 준비 해 온 내 성적이 수능 당일에 너무 내 기대를 충족하기에 역부족이라는 사실을 내 눈으로 본 것이다. 항상 생각 한 만큼 성적이 나왔기에 이렇게 될 거라고는 생각하지 못 했다. 원래 교대를 가기 위해서 수시를 7개 넣었는데 1차가 붙고 면접이 남아있는 상태였다. 그런데 수능점수가 너무 안 나왔다.

나보다 성적이 낮은 친구들은 좋은 대학교 가서 마음은 더욱 요동쳤다. 마음속에 분노가 일어났고 3년 동안 뭘 했나 하는 생각도 들었다. 그렇게 원하던 곳은 아니지만 대학을 들어가게 되었다.

그렇게 시간이 지나가고 대학교에서 가장 근심 많은 4학년이 되었다. 뉴스를 보면 일자리 찾기가 힘들다고 하는데 졸업할 때까지도 몸으로 느끼지 못했다. 왜냐하면 입사원서를 넣어 본적이 없으니 탈락이라는 감정도 느껴보지 못했기 때문이다. '나는 되겠지.'라는 마음으로 시간은 흘러갔다. 이제 졸업할 날짜가 다 되어갈 때 즈음 아무것도 해 놓은 것이 없고 어디를 가야할까에 대한 막막함이 마음을 점점 답답하게 만들었다.

일단 다양한 경험을 4학년 2학기에 해 보기로 했다. 봉사도 해 보고 다른 것도 체험 해 보면서 점차 나에게 맞는 것을 발견하게 되었다. 고무적인 일은 내가 다른 사람들과 함께 일하는 것을 좋아한다는 사실을 깨달은 것이다. 초등학생부터 고등학생까지 멘토링을 했는데 재미가 있었다. 좋아하는 일을 찾는 시간에 많은 친구들은 이미 취업을 많이 한 상태라서 시선을 의식했지만 결국 내가 하고 싶은 일을 찾기 위해서 시간을 투자했다는 것은 정말 잘한 일이었다.

그렇다고 모든 것이 순조로운 것은 아니었다. 처음에는 중고등학생을 대상으로 하는 학원에서 일 했다. 내 생각이었지만 큰 애들은 말이 통할 것 같았다. 하지만 생각과 달리 아이들은 삭막하고 입시를 준비하기 때문에 성적을 올려야 한다는 부담감으로 매우 힘든 시간이었다. 그렇게 고민 속에서 좀 더 순수한 아이들과 일하면 어떨까 하는 생각이 들어서 유아교육 쪽으로 눈을 돌리게 되었다. 유아교육을 복수전공으로 했었다. 그렇게 유아교육의 길에 들어서게 된 것이다.

굉장한 행복을 느끼는 순간이 있다. 처음에는 생활적으로 잡히지 않던 아이들이 같이 수업하면서 친구를 배려하는 아이로 변하는 모습을 볼 때이다. 나를 통해서 한 아이가 변화하는 모습을 보는 것은 정말 행복이라는 감정을 느끼게 해 주었다. 물론 힘들 때는 아이들의 특성에 따라 개인별로 상호작용을 해 줘야하는데 내 생각에 잘 못 해 주는 경우에는 마음이 좋지 않다. 그래서 좀 더 노력해서 더 많이 공부하고 노력해야겠다는 마음을 다져본다.

지금 생각해도 하고 싶은 일을 찾기 위한 시간들은 아깝지 않다. 물론 지금 당장 일을 구해야 하는 경우도 있을 것이다. 하지만 시간이 주어진다면 다른 사람들이 취업했을 때 나는 못하고 있어서 느껴지는 시선 때문에 무작정 직장을 찾기 보다는 진정 하고 싶은 일을 찾는 선택은 행복이라는 선물을 주는 것을 경험했다. 스스로 길을 찾아가도 아니다 싶으면 그만 두기도 하고 힘든 순간들도 있는데 남의 시선 때문에 들어간 직장에 다니는 것은 감옥 안에 있는 것 같지 않을까 생각

해 본다.

눈을 떴을 때 감사할 수 있게

눈을 떴을 때 사람들은 요즘 어떤 기분을 느낄까? 아침에 눈을 뜨면 정말 감사하다는 생각을 한다. 직장이 있고 응원해주는 가족이 있으니 매일매일 감사하는 마음을 가지게 되어 매일매일 최선을 다하려고 하는데 잠자리에 누웠을 때는 후회도 한다. 그래도 나는 최선을 다하고 있으니까 매일매일 행복하게 살고 있는 것 같다. 아주 일상적인 일들이 알고 보면 가장 행복하다는 사실을 기억하고 하루를 살아갈 것이다.

중학교 시절에 친구들과 많이 어울려서 다녔다. 철이 없으니까 공부에 대한 필요성도 잘 못 느꼈고 빨리 어른이 되었으면 좋겠다고 생각해서 공부도 안하고 부모님 속도 섞이고 선생님께 혼도 나고 했다. 내가 갔던 고등학교에 온 같은 중학교 학생은 3명이었다. 고등학교 갔을 때 아무도 몰라서 외톨이가 된 느낌에다가 선생님은 무서워서 학교가기 싫었다.

그런데 선생님이 한 날 나를 부르시고는 학교생활이 어떠냐고 물으셨다. 선생님이랑 이런 저런 꿈에 대해서도 이야기를 나누면서 무섭게 보였던 선생님이 1:1로 만나니까 진짜 좋았다. 내 마음을 알아보

시고 조언해주시고 그랬다. 약간 의지하게 되었던 것 같다. 존경하게
되었다. 나도 나중에 저렇게 힘을 주는 선생님이 되고 싶다는 꿈을 가
지게 되었던 것 같다. 어떤 직업을 하든지 다른 사람에게 희망을 주고
행복을 주는 사람이 되고 싶었다. 그 때부터 조금씩 공부도 하게 되었
던 것 같다. 고3때까지 친구들과 재밌게 놀면서 공부도 열심히 했다.

　하지만 내가 원했던 교대에 가지 못하고 실패라는 경험을 하게 되
었다. 반면 실패를 통해서 나를 돌아보고 겸손한 마음을 가지게 되고
힘든 사람들을 생각하게 되는 계기가 된 것 같다. 힘든 환경에 있는
사람들을 보았을 때 '안 됐다.' 라는 마음으로 지나가곤 했다. 하지만
내가 직접 실패라는 경험을 하고 나니 낮은 곳으로 마음이 갔다.
　4년 동안 장애우를 위한 봉사활동을 하게 되었는데 '행복'이라는 감
정을 느끼게 되었다. 나의 하루가 행복하게 살 수 있는 방법을 찾은
계기가 된 것이다. 그 이후로는 어떤 일을 해야 행복할 수 있을지 고
민하게 되었던 것이다.

　앞으로도 지금처럼 내가 하고 있는 일을 열심히 하고 최선을 다해
서 하루를 살아가려고 한다. 무엇보다도 억지로 하는 일이 아닌 자발
적으로 할 수 있는 일들을 해 나갈 것이다. 모든 사람이 다른 상황을
가지고 있겠지만, 힘든 시간을 보내고 있는 사람들이 진정으로 행복
할 수 있는 일을 찾았으면 좋겠다. 그리고 이 책을 읽는 누군가도 세
상의 시선과 나의 인생 사이 선택에서 고민하지 말고 자신의 길을 갈

거라고 믿는다.

실패를 경험한다는 것은

목표했던 것을 이루지 못했을 때 실패라는 것을 경험했다. 하지만 실패는 그녀를 생각하게 만드는 시간이었다. 그 실패는 낮은 곳을 볼 수 있게 만들었다.

몰랐던 사실을 깨닫다

시간이 지나서 대학교 4학년 졸업생이 되었다. 이것도 저것도 경험 해 보고 깨달은 사실이 있다. 그것은 바로 내가 사람들과 함께 일하기 를 좋아한다는 사실이었다.

행복을 선택하다

대학을 졸업하고 많은 친구들은 하나 둘 취업을 빠르게 하는 것을 보게 되었다. 마음이 조급했지만 정말 내가 좋아하는 것을 찾고 싶었 다. 그리고 나에게 주어진 것은 행복이었다.

사회초년생이 되기 전에도 수많은 이야기를 듣게 된다. 요즘에는 뭐 해야 될지도 모르겠는데 꿈을 찾으라는 소리로 심기가 불편하다는 사람도 봤다. 그만큼 '선택'이라는 것이 어려운 일이 아닐까라는 생각을 해 본다. 하지만 선택하지 않으면 결과도 없다. 이 고통의 과정은 반드시 지나쳐야 할 과정임은 분명하다.

큰 결정일수록 선택의 고통은 클 것이다. 하물며 내 인생을 결정하는 일들 앞에서는 얼마나 고민하고 고통스러울까! 반가운 소식은 이 고통이 계속 가지는 않는다는 것이다. 최선의 선택이라고 확신하고 했지만 최선의 결과가 나오지 않을 수도 있다. 하지만 그 일들을 반복해 나가면 결국 최선의 결과가 나올 것이다. 또한 최선의 선택으로 최고의 결과를 내는 사람도 있을 것이다. 선택은 쉽지 않지만 적어도 사람들에 의해서가 아닌 스스로의 판단력을 키워 결정하기를 바라는 마음이다.

점심시간에 찾아온 해물이 시원하고 담백한 된장찌개냐 계란과 파가 송송 들어간 감칠맛 나는 매콤한 순두부찌개냐를 선택하는 일은 나에게 때로는 참 어려운 일이다. 두 가지 모두 맛있기 때문이다.
그리고 직장동료 또는 친구들과 식당으로 들어가 세 명이 담백한 된장찌개를 시키고 내가 순두부찌개를 시키려는 순간 무언의 압력으로 그냥 통일하자고 해서 정말 그 날 순두부찌개가 먹고 싶었는데 어쩔 수 없이 된장찌개를 먹게 된다면 정말 기분이 좋지 않다. 내 행복

대신에 다른 사람의 시선을 선택한 순간이니까!

　때로는 배려를 할 때도 필요하다. 핵심은 누군가의 시선보다는 용기를 내어 나의 행복을 선택해야 하는 순간이 있다는 것이다. 그녀의 이야기 역시 모두 한다고 나도 하는 것이 아니라 정말 내가 원하는 것을 위해서 노력했다는 점이다.

나는 꿈을 선택한다

같이 생각 해 보자. 일상을 벗어나서 당장 제주도행 표를 끊어서 제주도에 도착한 우리 모습을……. 생각만 해도 여유가 가득 느껴지고 기분이 상쾌해지는 느낌이다.

오늘 당장 감당해야 할 숙제나 프로젝트의 무게에 눌린 직장인들, 밀린 설거지와 빨래들로 한 숨 짓는 혼자 남, 혼자 녀들은 이런 것 따위는 무시하고 떠나고 싶은 것이 꿈일 것이다. 제발 좀 일에서 벗어나고 싶은 마음을 많이들 가지고 있다.

오늘은 육지에 있지만 내일은 제주도에 도착해서 여유를 즐기고 싶은 생각을 해 보지 않나? 학교 나가는 것도 직장에 나가는 것도 다 뿌리치고 SNS에 나온 멋이 뚝뚝 떨어지는 편안하고 시크한 카페에서 감성 넘치는 셀카 타임을 가지면서 가족, 친구나 연인과 함께 또는 홀로 황금과도 같은 시간을 맞이하고 싶은 생각은 굴뚝같다.

그렇다고 당장 이 꿈을 실현할 수가 있는 사람은 몇이나 될까? 휴가기간을 기다리거나 월차를 써야 할 것이다. 여행 경비를 모아야 꿈이 이루어질 것이다. 그렇다고 꿈을 포기한 것은 아니지 않은가!

꿈을 선택한다는 것은 그런 것과도 같은 것 같다. 지금 제주도행 표를 끊어서 제주도에 가고 싶다는 꿈을 바로 실행하지 못한다고 해서 내가 꿈을 선택하지 않은 것은 아니다. 그런데 친구는 지금 당장 답을 내어 놓지 않는다고 나에게 징징댄다. 물론 이런 진상 친구는 드물 것이라고 생각한다.

극단적인 예이기는 하지만 우리는 이런 친구처럼 항상 즉각적인 정답을 요구받으며 살아온 건 아닐까? 하지만 그 친구의 징징거림도 정당성을 가질 때가 있다. 매일 언젠가는 제주도에 갈 거라고 말만 하고 있었다면! 다시 말하지만 이건 극단적인 예이다.

하지만 이것이 인생에 관련된 것이라면 이야기는 조금 달라질 것이다. 40, 50대를 지나고 60, 70대가 넘어서도 답을 질질 끌고 싶지 않을 것이다. 모든 인생이 다르기 때문에 뭐라고 딱 강요할 수는 없지만 그래도 가능하다면 빨리 자신의 길을 선택해 나가도록 권고는 하고 싶다.

알다시피 시간은 생각보다 빨리 지나가 버리니까! 나이가 들어서 '그 때 왜 그랬을까.' 라는 후회보다는 수많은 선택을 통해서 성공이든 실패든 했다면 후회는 없을 것이다. 물론 관계적이든 일적이든 어떤 것이든 나은 결과가 나기를 바란다. 인생은 A아니면 B를 선택해야 될 때도 있지만 꼭 그것이 답이 아닐 때도 분명 있었다. 답하기를 미뤄야 만 할 때도 있다.

그리고 나는 인생에서 3가지 사람을 보았다.

첫째, 꿈이든 돈이든 가치를 선택한 사람
둘째, 꿈만 쫓아가는 사람
셋째, 돈만 쫓아가는 사람

이것은 우리가 선택할 수 있는 영역이다. 나는 첫 번째 사람이 되기를 바란다. 나는 힘과 꿈의 가치를 전하고 싶다. 어떤 사람은 정말 대단하게 자신이 생각하는 가치를 위해서 모든 것을 버린다. 그런 사람은 정말 세상을 변화시킬 수 있다. 이 말을 오해하지 말았으면 좋겠다. 세상을 변화시킨다고 지금 하고 있는 일들을 다 팽개치자 것이 아니다. 앞서 말한 것처럼 사람의 상황은 모두 다르다. 이런 종류의 사람이 있다는 것을 나누고 싶은 것이다.

생계를 위해서 일하면서도 가치를 만들어 내기 위해서 꿈을 선택하는 사람들이 있다. 열심히 주중에 일하고 주말에는 봉사활동을 한다든지 아니면 진짜 하려던 일들을 준비해 나갈 수가 있다.

또 가치를 만들어 내기 위한 회사를 창업해서 월급을 받는 것이 아닌 월급을 주는 사람이 될 수도 있다. 월급은 이 창업자에게는 돈이라는 수단을 넘어서 함께 일한 팀원에 대한 당연한 고마움일 것이다. 아마도 사회에 기분 좋은 일들을 같이 만들어준 것이 고마워서 더 주고 싶어 하는 마음을 가졌을 것이다.

어쨌든 이 사람들은 뭔가 세상에 좋은 일이 일어나기를 바라는 사람들이다. 때에 반드시 그 일들을 어떤 방식으로든지 표현하고자 할 것이다.

두 번째 부류의 사람은 꿈이라는 것을 핑계 삼아 현실에서 충실해야 하는 부분이 분명 있는데 그것을 악용하는 사람이다.

자신의 꿈을 위해서 가족은 안중에도 없다. 주변 사람은 안중에도 없다. 이것은 대의를 위해서 모든 것을 포기한다는 의미는 다른 것이다. 최소한의 책임이라는 것들을 아예 무시하는 철부지를 이야기 한다.

세 번째 사람은 돈이라면 다른 가치는 무시하고 정말 돈만 보는 사람이다. 돈 버는 것을 목표로 삼는 것은 나쁜 것은 아니다. 하지만 돈만 목표로 삼는 것은 자신에게도 주변에게도 나쁜 일이다. 돈을 벌기 위해서 도덕도 양심도 묻어두는 일은 결국 불행으로 오게 된다.

한 때 돈을 생각해야 돈이 들어온다는 이야기를 많이 들었다. 하지만 더 많은 돈을 생각할수록 사람의 영혼은 가난해진다. 가치를 따른 재정계획을 세우는 것과 돈을 위한 재정계획을 세우는 것은 다르다. 가족을 위해서 돈을 많이 번다는 생각과 다른 사람보다 뛰어나기 위해서 돈을 많이 번다는 생각은 천지차이다.

가난한 사람은 수입을 생각하고 부자는 자산을 생각한다고 한다. 자산에는 여러 가지가 있을 수 있겠지만 '가치를 만드는 행동'이 그 중에 하나가 아닐까 생각한다.

나는 사실 꿈을 따라가야 한다고 생각하는 사람이다. 20대 시절에 돈보다 꿈을 좇았다. 그래서 지금 이 순간 글을 쓸 수 있는 것 같다. 하지만 재정 관리에 대해서 많은 사회초년생들이 알고 싶기를 바란다. 꿈과 돈을 따로 생각하기보다 천직을 찾아서 기쁘게 그 일을 하며 가치를 따른 당신에게 돈은 뒤를 따라오는 선물처럼 주어지는 것이 되면 좋겠다. 물론 그러기 위해서는 대한민국 자체가 자유롭게 꿈을 꾸고 이룰 수 있는 나라가 되는 것도 필요할 것이다.

사회초년생은 이 부분에서도 고민이 크다. 당장의 생계에 대해서 생각해야 하고 이것이 미래에 영향을 미치게 된다. 무엇을 하든 첫 번째 부류의 사람이 되면 좋겠다. 그 순간에도 선택은 나의 몫이다. 여유 있게 그러나 너무 늦지 않게 이런 부분들을 생각해서 꿈을 찾고 이루어가기를 응원한다.

　현실과 꿈의 괴리를 느껴본 사람들이 많을 거라고 생각한다. 하지만 그것을 분리해서 생각하기보다 내 꿈이 내 업이 되는 것이 가장 좋다는 것을 배우게 되었다. 당신의 꿈이 이루어지는데 시간이 걸리더라도 마음속에서 계속 들리는 꿈을 선택하고 이루기를 바란다.

　"이 길이 네가 갈 길이야" 라고 직접 음성이 들을 수 없을지도 모른다. 스스로에게 질문을 많이 해야 한다. 정말 내가 하고 싶은 일은 무엇일까? 정말 내가 하고 싶은 일은 무엇일까? 그렇게 말이다.

　꿈이 뭔지 모르겠다면 너무 조급해 하지는 말자. 하지만 그렇다고 해서 꿈이 뭔지 모르겠다고 지금 하루를 '자포자기'하지도 말자. 그리고 꿈을 꾸고 있다면 가치 있는 꿈을 꾸자. 나를 더 낫게 남을 더 낫게 할 수 있는 꿈을 꾸면 어떨까?

　마지막으로 하나 더 이야기 하자면 처음 도입부에서 이야기 한 징징거리던 친구의 친구는 결국에 제주도에 갔다고 한다.

꿈을
걸어가다

사막에 가려면 나침반을 가져라!
바람이 불기 시작한다.
모래는 바람을 타고 날아간다.
이 길은 내가 알던 길이 더 이상 아니다.

사막에 가려면 나침반을 가져라!
나침반이 있으면 달라진 길도 괜찮다.
사막의 길을 따라가는 것이 아니다.
나침반을 따라가는 것이다.

오늘도 나침반을 가지고 있다.
오늘도 길을 걸어갈 수 있다.

돈에 맞춰 일하면 직업이고
돈을 넘어 일하면 소명이다.

김구(金九, 1876~1949)

눈물 한 스푼 글 한 구절

눈물이 뚝뚝뚝……. 그리고 또 한 번 끄적끄적…….

사회초년생이라서 그렇게 많이 울었던 것은 아니라고 생각한다. 하지만 또 사회초년생이라서 세상을 몰라서 그랬던 것도 분명히 있다. 그렇게 하루하루 북받치는 감정들 그리고 상황들은 글이 되어 종이 위를 채우고 있었다.

오히려 꿈이 없었다면 좋겠다고 생각한 적이 있었는데 그건 꿈을 이루기 위해서 부딪혀야 하는 상황들 때문에 마음이 더 힘든 것이 이유였다. 뭔가 꿈의 자리에 있어야 하는데 돈을 벌어야 한다는 상황이 이겨낸다고 다짐하면서도 힘든 적이 있었다.

"차라리 꿈이 없었으면 좋겠다."

그렇게 말했던 것은 어쩌면 정말 꿈을 이루고 싶다는 반대말이 아니었을까? 사회초년의 시간을 지나며 많은 청춘들은 펜을 들어서 종이 위에 자신만의 사연을 적어나가고 있을 것이다. 그것을 기록해서 10년 뒤에 보게 되었을 때 뭔가를 적고 있는 당신이 아주 환하게 웃을 수 있으면 좋겠다. 앞으로 좋은 변화가 당신에게 일어나면 좋겠다.

한 가지 확신하는 것은 방 안에 스스로를 가두고 있지 않고 무엇이라도 시도했던 사람은 할 수 있는 일이 분명 많이 생겼을 것이다. 왜냐면 이건 나 자신 그리고 주변 사람들을 보면서 통계적인 이야기를 하는 것이기 때문이다.

우리가 흘리는 '눈물' 그것은 어떤 의미가 있는 걸까?

사람마다 그 의미는 다를 것이지만 눈은 울고 있지만 오늘 퇴근길에 사온 SNS에서 소문난 소세지빵을 입에 넣을 수 있는 희망을 가지고 있으면 좋겠다. 내일 다시 눈물을 흘리더라도 좋은 일이 생길 거라는 믿음을 가지고 말이다.

오히려 꿈을 가지고 있다면 꿈을 꾼 시점부터는 오히려 힘들 수도 있다. 왜냐면 산에 가는 것이 안 가는 것보다 힘들기 때문이다. 그것이 큰 산이든 작은 산이든 올라야 한다는 상황은 겪어야만 한다.

나는 펑펑 울며 이야기 하고 싶다. 울고 싶을 때는 울어야 한다. 우리가 흘리는 눈물은 가치 있는 눈물이다. 세상은 네가 버티나 넘어지나 시험할 것이다. 인생은 공평하지 않다. 어떻게 해야 할지 모를 것이다. 그러니까 그때마다 눈물을 참지만 말고 버티지만 말고 자신만의 공간을 찾아 다 쏟아내자.

지금 적어 나가고 있는 '글'은 우리에게 어떤 의미가 있는 걸까? 우리가 적는 글은 감정이고 상황이고 미래이다. 훗날에 그것을 보고 처음의 마음을 가질 수 있을 것이고 꿈에 대해 적은 글이 이뤄져 가는 것을 보면서 어느 때는 깜짝 놀랄 것이다. 분명히 이뤄질 수 있는 꿈들이 세상에는 많기 때문이다. 세상은 불공평 하다고 했지만 이런 점에서는 공평하기도 하다.

나는 원래 밝은 소녀였다. 친구들과 놀기 좋아하고 뭐든 열심히 하려는 소위 '하고 잡이'였다. 하지만 20대에는 사회초년생의 시절에 항상 마음과 입에 긍정을 달고 있으면서도 제일 많이 끄적이던 글은 바로 "힘들다……"였다.

"힘들다… 힘들다… 힘들다……." 왜 그렇게 힘들고 매일 매일 눈물은 나고 적어도 20대는 나에게 그런 시절이었다. 그리고 다시 힘을 내서 말했다.

"좋은 일이 생길거야. 나는 할 수 있다. 꿈은 이루어진다."
그렇게 앞도 보이지 않는 길을 따라서 더 기가 막히는 것은 어떻게 그 길을 가는지도 몰랐다는 것이다. 계획은 어떻게 세우는 것이며 내가 꿈꾸는 일들은 어떻게 해야 하는 것인지 아무 것도 몰랐다. 시행착오는 물론이며 아무런 결과도 없는 일들도 했다. 하지만 돌이켜 보면 이 모든 것들은 지금의 글을 쓰게 만들었다는 사실이다.

우리의 눈물을 모으면 과연 몇 리터나 될까? 물론 계산할 필요 없는 질문이기는 하지만 눈물이 눈물로만 끝나서는 안 될 것이다. 제발 세상에 지지 않았으면 좋겠다. 정말 넉 다운 되어서 누워버렸더라도 "네가 무슨 상관인데?"

라고 말하며 다시 일어나서 갈 길을 갔으면 좋겠다. 정말 그랬으면 좋겠다. 그리고 다시 한 번 누군가의 앞에서 꿈을 이룬 모습으로 눈물을 흘린다면 그건 우리 같이 박수 쳐 줄 일이 아닌가!

약해지지 말자! 강하자! 일어나자!

계속해서 딱딱해진 마음을 스스로 풀어나가야 했다. 꿈이라는 것은 눈물을 필요로 할 때는 있지만 그 눈물이 멈추고 꿈이 이루어진 것을 보게 될 것이다.

사회초년생의 시간을 지나서 꿈을 걸어 나가고 있는 그들 역시 누가 길을 가르쳐 주지 않았다. 그저 자신이 좋아하는 일을 붙잡고 방법을 찾아나갔다. 그리고 죽기 살기로 자신의 일에 최선을 하루하루 다 했다. 처음에는 모두 평범한 청년일 뿐이었다. 하지만 이제 자신의 꿈에 가까이 가며 계속해서 꿈을 걸어가고 있다.

"대충 살자!" 너무 빡빡한 세상살이의 대안으로 나온 슬로건을 보기는 한다. 맞다. 쉬어가야 한다. 하지만 쉬고 난 뒤 다시 걸어가야 한다. 낙하산이 아닌 이상 금수저를 그대로 받은 사람이 아닌 이상 그 누구도 노력하지 않고 꿈꾸는 것만으로 무언가를 이뤄낸 사람은 없다.

　　지금부터 시작되는 인터뷰 속 열정의 꿈의 이야기들이 꿈을 향해
걸어가고 있는 누군가와 이야기 하려고 한다.

　　그들은 지금도 꿈을 걸어가고 있다.

실패, 그까지 것 또 도전한다.

성주희

라라 랜드 오디션처럼

오디션을 보기 위해서 필요한 것은?

열정은 필수이며 기술, 외모관리 등 여러 가지 요소가 복합적으로 필요할 것이다. 분명한 것은 오디션에 참가하는 사람은 집에서 그냥 라면 먹으면서 TV보다가 나가서 참가하지는 않는다는 것이다.

일상으로 들어가 본다.

미친 듯이 하루를 또 하루를 살아가다가 누구나 한 번씩 이상을 생각하는 시간 속에 빠진다. 학점관리의 징검다리를 건너서 몇 번, 또는 수 십 번의 이력서를 넣다가도 그냥 기타 하나 들고 나도 홍대 길거리에서 버스킹을 하면서 내가 진짜 하고 싶은 음악의 길을 간다거나 오디션에 도전한다거나 아니면 저 멀리 아프리카 오지로 들어가서 봉사를 하고 싶은 마음에 이력서 대신 비행기 표를 들고 싶을 때가 있다.

오늘 하루도 집에서 무거운 걸음을 옮겨서 지하철역으로 들어서서 또 다시 다른 지하철역을 거쳐 직장으로 가다가도 차라리 차표 한 장

끊고, 숨 막히는 빌딩숲 대신에 진짜 숲으로 가고 싶은 마음은 왜 매일 출근길 마다 생기는 걸까? 그렇게 힘들다고 느끼는 일상 속에서도 미래의 꿈을 꾸는 사람들이 있을 것이다.

취업 준비생과 오디션 준비생은 비슷하다. 무언가 이루고자 하는 회사나 작품을 위해서 자신을 준비하고 도전하는 멋진 사람들이다. 하지만 이면에는 통과할지 못 할지에 대한 마음을 졸이며 통과되면 잘 된 일이지만 통과 되지 않았을 때의 좌절감은 회를 거듭할수록 쌓이기 마련이다.

이력서를 몇 번이나 내어 봤는가? 오디션은 몇 번 참가 해 봤는가? 100번은 해 봤는가? 과연 그 일은 정말 간절하게 원하는 일인가? 그렇다면 낙담하지 않았으면 좋겠다. 정말 될 때까지는 해 보는 열정을 가질 수 있는 것이 청춘이 아닌가! 물론 도전 분야 공부와 실천도 필수다.

영화 라라 랜드 속 여주인공 미아는 참가하는 오디션마다 떨어져서 자신감은 계속 바닥으로 내려가고 있는 중이었다. 이 때, 그녀의 1인 무대를 본 캐스팅 기획자가 연락을 하고 오디션에 참가하게 되어 노래를 부른다. 불빛은 점점 옅어지며 미아에게만 비춰지고, 'The Fools Who Dream'이 그녀의 목소리를 타고 흘러나온다.

중요한 것은 가사의 마지막 부분이다. "she said, she'd do it again." 다시 도전 하겠다는 이야기! 꿈을 향해 달려간다지만, 현실은 라라 랜드가 아니다. 하지만, 그럼에도 다시 도전한다는 가사!

인터뷰 속 그녀 역시 도전을 멈추는 삶은 재미없다고 이야기 한다. 오디션에 계속 떨어진다고 해도 사업이 생각처럼 되지 않을 때도 있지만, 다시 도전하는 정신을 그녀는 가지고 있다. 유쾌한 감성으로 일을 즐기고자 하는 그녀의 이야기 속에서 또 다른 라라 랜드를 만난다.

심장 떨리는 일을 해 보기로 하다

내가 생각 했던 것과는 다른 생각들과 마주하고 있는 느낌이다. 그래서 동아리를 나가기로 결심했다. 크리에이티브한 것이 좋아서 들어갔던 국내 광고연합 동아리! 하지만, 사람들을 만나고 일을 하면서 내가 생각했던 것과는 다른 부분들이 있었다. 그 때가 대학교 2학년 때쯤 이었다. 그리고 동아리를 그만 두면서 내 꿈도 사라졌다.

뭘 하고 싶은 것이 없다는 상태가 2년 넘게 된 것 같다. 졸업 할 때가 되어서 나는 꿈이 없으니 부모님이 해라는 것을 해야겠다고 생각하고 있었다. 하지만, 부모님은 워낙 내가 하고 싶은 것을 하라는 주의셨다. 그리고 나는 누구 밑에서 일할 수 없는 성격이라고 파악하고 내가 뭘 원하는지 모른 채 교육 사업을 하게 된다. 꿈이 없는 상태에

서 무엇을 시도한 것이다.

교육 사업은 내 꿈이라는 것 보다 내가 잘 하는 것을 택한 것이다. 비록 꿈은 아니지만, 목표가 있으면 하는 스타일이라서 학교를 다니면서 서울 창원 왔다 갔다 하면서 조사하고 사업을 준비했다. 비록 내 꿈은 아니었지만, 내가 배웠던 서울의 시스템을 알려주고 싶었다.

원래 시골출신이라 새로운 교육 시스템을 접할 기회가 많이 없어서 고향후배들에게 전해주고 싶은 마음으로 했다. 하지만, 교육 사업은 그런 방향으로 가지 않고, 사교육에 맞춰서 갈 수 밖에 없는 상황이라는 것을 직시하게 된다. 그렇지만, 나는 또 다른 사교육을 하고 싶은 것은 아니었다.

그러한 상황에서 재미를 못 느끼는 가운데 패션에 패자도 모른다고 생각하고 있던 가운데 우연히 자신의 브랜드를 만드는 해외 리얼리티 프로그램을 보면서 진짜 그런 직업이 있구나! 저런 세계가 있구나! 느꼈다.

그림을 그렸었는데 저런데 접목 해 못 했을까 생각했고, 학원 일을 쉬게 되면서 마음속으로 나에게 말했다.

'그래 정말 심장이 떨리는 일을 한 번 해 보자.'

그렇게 마음속으로 다짐 하면서 패션사업을 시작하게 된 것 같다. 지금은 기존에 소비에 집중되어 있던 패션 서비스를 경험으로 돌릴 수 있지 않을까 생각해서 2016년 9월부터 패션 아이템을 마음껏 경험할 수 있는 서비스를 시작했다.

나 같은 경우는 직장 생활 없이 처음부터 사업을 시작했다. 적성이 일반생활과 밀접한 곳에서 변화를 일으키는 것을 좋아한다는 것을 알게 되었다. 의식주 중에서 '의(의)'에 관심이 많다는 것을 알게 되자 패션으로 사람들의 일상을 긍정적으로 변화시킬 수 있지 않을까 해서 1인 쇼핑몰을 해 봤고, 반응이 의외로 있었고 재미를 느껴서 본격적으로 가방 브랜드를 출시하고, 거기서 지금까지 오게 되었다.

많은 사람들이 지금의 나를 보면 꿈이 명확해서 그것만 보고 달려온 사람이라고 생각한다. *근데 사실 나는 진짜 원하는 것을 찾기까지 10년이라는 시간이 걸렸다.* 그래서 찾은 계기이기 때문에 어려움이 없었던 것은 아니다. 그 시간동안 수많은 고민을 거쳐서 지금까지 왔기 때문이다. 그렇게 해서 꿈을 찾고 이루기 위해서 달려가고 있다.

계속 해서 달려간다

나는 내 삶의 미션과 사업의 미션이 동일하기 때문에 패션 공유 경제라는 생소한 이 문화를 한국에 뿌리 내릴 때까지는 계속해서 달려갈 것이다. 이 일이 쉬운 것은 아니기 때문에 3,5,10년 계속하지 않을까!

생각보다 빠르게 정착이 된다면 더 이상 옷장이 필요 없는 세상이 오게 된다면 또 다른 일을 생각할 것 같다. 일상생활과 관련된 문화를 바꾸는 일들을 생각하고 있지 않을까 생각한다. *어쨌든 어떤 일을 하든지 계속 목표를 가지고 도전하고 있을 것 같다.*

일단 하고 싶은 것을 하고 있기 때문에 기본적으로 동기부여가 되지만 어떤 목표했던 것을 하나씩 이뤄나가고 뒤 돌아 봤을 때, '내가 원했던 건데… 이뤄졌네.' 라고 알게 되었을 때 뿌듯하고 앞으로 나갈 수 있는 원동력이 되는 것 같다.

힘든 것은 아무래도 사업하는 모든 것이 인간관계이다. 원래 상황이 좋아지고 나빠지는 업 앤 다운을 즐기는 유형이라서 그런 부분은 괜찮다. 하지만, 팀원들과의 마찰이 있거나 제가 생각하지 못했던 부분들이 팀원들에게 상처를 주게 되는 경우 관계에서 힘든 부분들이 있는 것이 사실이다.

회사이다 보니 매 단계마다 회사에서 원하는 것들이 다르다 보니 회사에 맞춰서 변화해야 되고, 그 안에서 관계를 돈독하게 해야 한다고 생각한다. 그것이 여전히 어렵고 앞으로도 해결해야 되는 부분이 아닐까 생각한다.

그런 부분들은 내가 욕심이 많아서 그런 것 같다. 모든 사람들과 다 잘 지냈으면 좋겠고, 모든 사람들이 동기부여 되면 좋겠고 행복했으면 좋겠는데 그게 안 되는 건 욕심이 많아서 그런 것 같다.

정지된 시간도 의미가 있다. 2년 정도 몸이 좋지 않은 기간이 있었는데, 그 동안 나만의 시간을 가지게 되었다. 돌아보면 그 시간이 지금의 꿈을 찾는데 큰 도움이 되는 시간이었다. 그 시간이 없었다면, 바쁘게 살다가 지금의 꿈을 찾는데 더 많은 시간이 걸렸을 것이다. 무엇을 해야 평생을 재미있게 할 수 있을까 고민했고, 뒤 돌아보면 좋은 시간이었다.

내 말이 절대 정답은 아니지만, 나와 주위를 돌아봤을 때 더 행복한 사람은 실패하더라도 자신이 생각한 것을 도전 해 본 사람들이 더 행복 해 보이는 것 같다. *두려워하지 않고, 눈치 보지 않고 도전하면 실패하더라도 그것 자체도 동기부여가 되더라.*

어떤 일을 하든지 정말 큰 비전을 가지고 있는 사람이라면, 자기 자신을 완전히 믿고 어떤 어려움도 이겨낼 수 있다는 믿음을 가지고 있는 것이 중요하다고 생각한다. 그 믿음이 어떤 것보다 가장 큰 무기가 될 거라고 이야기 하고 싶다.

꿈이 사라진 것 같았던 그 때

꿈이라고 생각했던 것이 사라졌을 때 다시 꿈을 찾아야 하는 시간이 있었다. 뭘 해야 할지 모르는 2년이라는 시간이 있었다. 하지만 다시 심장 떨리는 일을 할 것을 결심하고 도전했다.

TV를 보다가

원하는 일을 찾기까지 10년이 걸렸다. 그 사이에 리얼리티 프로그램을 보다가 영감이 떠올랐다. 정지된 시간도 의미가 있는 것은 이렇게 번뜩일 수 있는 여유를 주기 때문이다.

자신을 신뢰하는 능력

자기 자신을 믿어야 한다. 내가 나를 안 믿어 주면 누가 믿어주나!
실패하더라도 도전하는 사람이 행복하다는 생각을 한다. 그래서 라라 랜드 오디션처럼 힘든 일들이 있더라도 눈치 보지 않고 계속 도전하는 그녀의 삶이 멋지게 느껴지는 이유이다.

　'신뢰'의 사전적 의미란 '굳게 믿고 의지함'이라고 되어있다. 자기신뢰가 부족한 사람은 타인을 의지하고자 하는 것이 일반적이다. 자신의 존재감에 대한 인식이 스스로 낮다고 볼 수 있다. 한마디로 자존감이 낮다는 것이다.

　어떤 시절에는 나를 믿지 못했고 사랑하지 못했다. 내면의 어떤 부분에서 왜 인지는 모르지만 자존감이 낮았던 것 같다. 겉으로는 아니었는데 누가 보기에도 아니었는데 마음 속 깊은 곳에서 그런 적이 있었다.

　물론 사람이라는 존재가 완벽하지 않기 때문에 신뢰의 속성인 '믿음'이라는 단어를 사용하기에는 부족하겠지만 여기서의 믿음은 다른 개념이라고 생각한다. 나를 학대하지 않고 믿어주는 '자신감'을 의미한다.

　이전에는 공부 열심히 해라는 말이 많았다면 요즘에는 꿈을 찾으라는 잔소리(?)가 더 해졌다는 생각을 해 본다. 과연 "꿈이 뭐니?"라고 질문을 받았을 때 자신의 꿈을 말 할 수 있는 사람은 몇 명이나 될까? 질문 자체가 스트레스일 수도 있다. 한 마디로 자신의 꿈을 정의해서 말하는 사람은 실제적으로 드물다. 돈을 많이 벌고 싶다, 직장 가야죠, 일 해야죠 등등의 이야기는 많이 들을 수 있는데 "나의 꿈은 무엇무엇이다."라고 말하는 사람은 결코 많지 않은 것 같다.

물론 가족을 위해서 오늘도 열심히 일하는 꿈은 정말 소중한 꿈이다! 그런데 한편 그것은 결국 돈을 번다는 이야기로 결론이 맺어진다. 다시 말하지만 이 꿈은 정말 중요한 것이다. 왜냐면 지금 벌어먹고 사는 것은 나와 가족이 사는 문제와 연결되기 때문이다. 핵심은 그것으로 끝내지 말자는 것이다.

연필이 인생을 사는 목적은 무엇일까? 연필의 인생이라고 해서 우습게 들릴지도 모르지만 만약 연필이 생물이라서 이야기를 한다면 이렇게 이야기 할 것 같다.

"나는 흑심을 이용해서 종이 위에 글을 적는 도구이다."

나는 제자들에게 자신을 정의할 수 있어야 한다고 이야기 한 적이 있다. 그래야 행복 할 수 있다고!

"그런 걸 왜 해?"라며 이 의견에 반대의견을 충분히 있을 수 있을 것이다. 욜로(You Only Live Once)족이 대세이다. 한 번 뿐인 인생을 즐기라는 것이다. 죽어라고 열심히 살아도 희망이 없어 보이기 때문이다. 이건 눈으로 보기에도 체감온도로도 현실적으로 사실이다. 나 역시도 한 편으로는 느끼는 부분이기 때문이다. 그렇기 때문에 어떻게 살아야 하는지 보다는 오늘 하루를 한 달을 어떻게 버틸까 고민하는 사람들이 많다는 사실이다.

목적을 가지고 살자! VS 내일은 없다. 즐기고 즐기자!

인생을 사는 목적을 정할 것인가, 아니면 하루를 그냥 살 것인가를 정하는 것은 스스로의 몫이다. 열심히 살아보자 했던 사람이 오늘은 하루를 즐기자는 사람으로 바뀔 수 있다. 반대로 목적 없이 살던 사람이 오늘은 자신을 정의하며 목적을 가지고 사는 사람으로 바뀔 수도 있다.

인생은 분명 즐겨야 한다. 우리는 모두 욜로 족이 되어야 한다. 하지만 분명히 목적과 목표를 가지고 욜로 족이 되어야한다는 것이 나의 개인적인 의견이다. 왜냐하면 인생의 마지막이 되어서 그 결과는 분명히 다르다는 것을 봐 왔기 때문이다. 중요한 것은 인생에서 균형이라고 생각한다.

그녀가 원하는 일을 찾기까지 걸린 시간은 자그마치 10년이었다. 원하는 일을 찾는다는 것은 정말 쉬운 일이 아닐 수 있다. 그리고 꿈이라고 생각했던 그 일이 꿈이 아닐 수도 있어서 다시 꿈을 찾는 여정을 해야 할 수도 있다. 인생은 수학공식처럼 정해져 있지 않다. 그래서 어떻게 보면 쉬울 수도 어려울 수도 있다는 사실을 받아드리는 것은 개인의 몫일 것이다.

특히나 사회초년생은 지금 하고 있는 일이 맞는지 틀린지 계속해서 고민하게 된다. 분명히 말하고 싶은 것은 지금 길을 찾기 위해서 고민하고 있다면 나이 들어서 고민하는 일을 덜어줄 확률이 높아진다는 것이다. 나는 사회초년 시절에 고민하고 또 고민했다. 지금도 고민하는 부분이 있지만 확실히 어떻게 해야겠다는 것들은 점점 윤곽이 드러나고 있다. 우리의 고민은 가치 있는 고민이다.

나는 사실 청소년 시기에는 고민이 아예 없는 것은 아니었지만 무엇을 먹고 살아야 할지에 대한 고민은 한 적이 없었다. 지금 돌이켜보면 그 때 분명히 그런 부분으로 고민하는 친구가 있었을 거라고 생각한다. TV속 성공한 연예인들의 이야기를 들어보면 많은 연예인들이 힘들어서 어떻게 먹고 살아야 할지를 빨리 고민했다고 이야기 하는 것을 들었다. 그들은 일찍 앞으로 무엇을 해야 할지 고민했던 것이다. 그렇게 그 고민은 그들의 길잡이가 되어서 어떤 누구보다 빨리 인생의 여정을 떠나도록 재촉하고 목적지에 더 빨리 도착하게 해 줬을 것이다.

고민을 빨리 해결하고 싶다면 사회초년을 지나간 사람들과 많이 대화 해 보는 것도 좋은 방법이다. 그렇게 하면 고민 하는 시간이 줄어들 수도 있다는 사실! 이 책을 쓰게 된 것도 그런 부분이 크게 작용했다.

우리 스스로를 믿어주자! 자신감을 가지고 내가 정말 하고 싶은 일들 해야 할 일들을 찾아가자. 도전하고 실패했다면 다시 피드백해서 길을 찾아가는 것이다.

그녀는 늘 스스로를 믿고 할 수 있다고 생각하며 도전했다. 물론 꿈이 없어진 것 같은 순간이 그녀에게 찾아 왔었지만 그 시간조차도 의미 있는 것이었다.

　우리는 늘 고민하고 고민하며 때로는 그냥 시간을 흘려서 보낼 때가 있다. 도전하기보다 고민하는 시간은 꽤 아깝다는 것을 깨닫게 되었을 때 할 수 있는 것이 적다는 것을 깨닫지 않기를 바란다. 지금 할수 있는 일에 도전해 보았으면 좋겠다. 무작정 뛰어들라고 하고 싶지는 않다. 분명히 어떤 일이든 공부가 연구가 필요하겠지만 어쨌든 그녀의 오디션 같은 인생 도전이 어디선가 또 있기를 바라본다.

제발 적당히 좀 하지 마!

박민

춤에 빠진 소년

　이른바 수많은 사람들이 '평범 콤플렉스'에 빠져 있다고 난 어디선가 들은 적이 있다. '평범 콤플렉스'란 자신의 평범함에 대해 남과 나를 비교하면서 오는 콤플렉스라고 한다. '왜 나는 이것밖에 되지 않을까!' 혹은 '나는 쟤처럼 잘 하는 게 왜 없을까!' 사실 이렇게 생각하다 보면 생각의 끝은 없다. 왜냐면 이렇게 얘기할 수 있는 것은 나도 그런 경험이 있었으니까.

　과연 어릴 때 천재라는 소리를 듣는 아이는 몇 명이나 될까? 대부분 우리는 세상을 살아가기 위한 아주 기본적인 보통의 교육을 받고 자랐으며 일괄적인 학교 수업을 받아왔다. 평범한 것은 어쩌면 당연한 것일지도 모른다. 천재라 불리는 타고난 재능을 가진 극소수의 사람을 뺀 나머지 사람들은 '평범'이라는 시작점에서 시작한다. 어쩌면 당신도 세상을 살아가는 평범한 교육이 아닌 세상을 이끌어 갈 수 있는 조금은 특별한 교육을 받고 남다른 환경에서 자랐다면 평범하지 않은 비범한 사람이 됐을지도 모른다는 생각을 해 본다.

지극히 평범한 사람이 자신의 꿈을 향해 끝없는 노력 끝에 어느 순간 비범한 사람이 되어 있었던 사례를 '방송, 책, 매스컴'을 통해 당신은 간접적으로 접해봤을 것이다. 사실 꿈이라는 것은 매우 진부한 단어다. 왜냐하면 너무나도 쉽게 말할 수 있는 단어이기 때문이다. 도대체 꿈이 무엇이기에 이토록 사람을 힘들게 만들고, 또는 그것을 이루기 위해 우리는 매일 희망고문 속에서 살아야만 하는가.

당신에게 꿈을 이루라고 강요하는 것이 아니다. 나 역시 지금까지도 꿈에 대해 많은 생각을 하고 꿈을 이루기 위해 현재 진행형으로 살고 있다. 지금 당신도 진정으로 하고 싶은 간절한 무언가를 찾게 된다면 분명 꿈을 향한 당신의 삶의 모습은 180도 달라질 것이다. 한 번뿐인 인생에 자신의 모든 것을 쏟아 붓는 것은 어쩌면 인간의 본질적인 사명일 것이다. 인생은 그 자체로만 있는 것이 아니라 인생은 그것이 무엇이든지간에 아름다움을 꿈꿀 수 있는 무언가가 되어가는 '과정'이어야 행복하다고 누군가는 이야기 하더라.

춤을 추고 있는 아이돌을 보고 있을 때 느끼는 단어는 '자유'이다. 그들을 보고 있으면 자유로움을 느낀다. 무대 위에서 정확하고 화려한 손동작 하나, 발동작 하나는 관객들을 열광하게 만든다. 하지만 무대 위의 단 3분정도의 시간을 보여주기 위해서 영혼을 쏟아 연습하는 그들의 삶에는 많은 관심을 두지 않는다. 물론 "진짜 피땀 흘려서 노력하지."라고 한 마디 할 수는 있지만 실제적으로 우리가 다 느낄 수는 없다.

그들 모두 처음에는 연습생에서 시작했다. 아이돌은 연습생이라는 때로는 길고 앞도 보이지 않는 시간을 견뎌내야 한다. 그리고 난 뒤에야 겨우 몇 퍼센트밖에 뽑지 않는 어마하고 무시한 경쟁률을 뚫고 데뷔를 하게 된다. 이런 험난하다 못 해 치열한 과정을 지나갔기 때문에 사람들은 그들을 인정한다. 처음에는 연습실 한편에서 거울을 보며 춤을 추고 노래를 부르며 평범했던 연습생은 어느 날 스타가 되게 된다.

여기 자신을 어렸을 적 평범한 소년이었다고 이야기하는 사람이 있다. 대한민국은 k-pop과 한류가 전 세계적인 열풍을 일으키고 있다. 또한 일자리를 갖기 위해 노력하는 취업 준비생의 숫자만큼 가수, 연예인이 되기 위해 '오디션'을 보는 가수, 연예인 지망생이 넘쳐나고 있다. 이런 가수 지망생의 삶을 미리 겪었던 그는, 수많은 시행착오와 남다른 경험을 통해 얻은 삶의 지혜를 가수 지망생과 나누고 싶어 한다. '오디션 전문가'가 될 수밖에 없었던 사명을 가진 그는 지금도 여느 아이돌 가수 못지않게 열정으로 가득 차 있다. '춤'이라는 꿈에 빠진 평범한 소년이 '오디션 전문가' 된 이야기, 그의 시선으로 적어 보았다.

춤이 좋아 마냥 춤추던 아이
그리고 가수 신인 개발까지

소심하고 평범한 아이! 공부도 제법 잘했고 부모님 말씀 잘 듣는 착한 아이! 그러던 어느 날 내 인생을 한 번에 바꾼 사건이 생기게 됐다. 초등학생 때 TV에서 가수 '서태지와 아이들' 음악을 듣게 된 것이다. 나는 '서태지와 아이들'의 팬이 됐고 점점 그들의 음악과 춤에 매료됐었다. 그리고 몇 년 후 대한민국은 아이돌 1세대 음악시장이 열렸고 'HOT, 젝스키스'를 시작으로 수많은 아이돌 가수가 생겨났다. 나도 이때부터 아이돌 가수의 환상적인 댄스 퍼포먼스를 따라했다. 집에서 부모님 몰래 음악방송 녹화 비디오를 반복해 돌려보며 몇 시간이고 춤을 췄다. 그렇게 몇 년의 시간이 흘렀고 어느 순간 내가 하고 싶은 것은 '춤'이구나'라고 본능적으로 느끼게 됐다. 고등학교 입학을 앞두고 난 진로를 고민하게 됐고 '춤을 추는 것'이 나의 미래라고 강력하게 다짐했다. 이후 자연스럽게 공부와는 거리가 멀어졌고 일반 입문 고등학교가 아닌 전주 예술 고등학교에 시험을 봐서 입학하게 됐다.

고등학교 입학 후 힙합, 팝핀 같은 스트리트 댄스에 빠졌고 친구들과 선생님들 사이에서 '춤에 미친 아이'로 불렸다. 그땐 아무 생각 없이 '춤을 잘 추고 싶다'는 생각으로 미친 듯이 연습만 했다. 하루 24시간 중 먹고 자는 시간 빼면 춤만 추고 살았고 운동량에 비해 먹는 것

도 부실했고 매일 새벽 연습에 잠도 부족했지만 오로지 '춤을 잘 추고
싶다'는 일념 하에 난 너무 행복했었다.

그러던 어느 날 내 인생에 아주 신기하고 재밌는 일이 찾아왔다.
댄스대회를 참가하는 같은 반 친구를 응원하러 전라도 광주의 백화점
특설무대 앞을 서성이던 중 대한민국 최고의 연예 기획사인 SM엔터
테인먼트 직원에게 길거리 캐스팅이 된 것이다. 당시 기억을 떠올려
보면 큰 눈에 뚜렷한 이목구비의 내 외모가 흔히들 말하는 SM 스타일
이었나 보다.

이후 난 SM 엔터테인먼트 오디션을 보게 됐고 운이 좋았거나 혹은
댄스가수로서 가능성이 있었는지 오디션에 합격해 연습생이 됐다. 그
렇게 아이돌 연습생의 생활을 직접 경험을 하게 된다. 하지만 여러 복
잡한 개인적인 사정들로 인해 회사와 계약을 하지 않았고 나의 연습
생 생활은 그리 오래가지 못했다. 이후 다시 전주로 내려와 춤과 함께
학창시절을 평범하게 지나갔다.

졸업 후 20살 성인이 된 나는 예술대학 방송연예 학과에 입학했고
학업과 댄서 생활을 병행했다. 21살 때는 우연한 기회로 힙합댄스 강
사 생활을 시작했다. 또래 친구들은 대학에서 캠퍼스 생활을 누릴 때
난 일찍 사회생활을 시작하게 된 것이다. 힙합댄스 강사 생활을 하면
서 나는 여러 아이돌 지망생의 댄스 트레이닝을 했고 꽤 괜찮은 수
입과 내가 좋아하는 춤을 직업 삼아 나름 만족하는 삶을 살았다. 하지

만 처음부터 운이 좋아 내가 좋아하는 일을 하면서 만족하는 삶을 산 것은 아니다. 학생 때부터 난, 서빙, 공장, 제조, 막노동할 거 없이 닥치는 대로 궂은일을 마다하지 않고 열심히 사회 전선에 뛰어들었던 경험이 있었다.

20대 후반에는 고향인 광주에 댄스학원 차려 약 3년간 운영하기도 했다. 과거 연습생 경험과 댄스 강사 시절 노하우를 살려 '오디션 전문' 타이틀을 내 걸고 아이돌 가수되려는 학생들을 트레이닝 하며 열심히 학생들을 가르쳤다. 하지만 여러 경제적, 정신적 상황들과 맞물려 아쉽게도 3년을 넘기지는 못했다.

30살이 되어 댄스학원을 접고 '맨땅에 헤딩한다는 마음'으로 서울로 올라와 새로운 미래를 설계했다. '배운 게 도둑질'이라는 옛말처럼 서울에서도 계속해서 댄스 강사 제의가 들어왔다. 때마침 전 세계적으로 '한류, K-POP' 열풍이 불어 중국 엔터테인먼트를 소개받아 한국과 중국을 오가며 연습생 댄스 트레이닝을 했었다. 다행히 중국 엔터테인먼트에서 내게 호의적이었고 그들과 난 빠른 시간 안에 비즈니스 파트너이자 친구가 될 수 있었다. 그들을 나에게 중국에 살면서 연습생 트레이닝을 해 줄 수 없겠냐며 선뜻 제안을 했고 나 역시 한국을 떠나 중국을 가야 할지 깊은 고민을 하게 됐다.

그러던 중 내 인생에 또 한 번 터닝 포인트가 오기 시작했다. 나는 많은 고민 끝에 중국에서 제2의 삶을 계획하던 중 우연히 지인 소개로 엔터테인먼트에서 신인개발 관련 일을 제안을 받았다. 생각해보면 지금껏 내가 걸어왔던 길이 가수가 되는 과정이었고 연습생에 관해 누구보다 잘 알기 때문에 적성에 맞을 것 같았다.

그렇게 30여 년의 다양한 경험과 이력을 거쳐 과거 춤추는 플레이어의 삶을 살았고, 2018년 현재 난 유명 엔터테인먼트 가수 신인개발팀 총괄을 맡고 있다. 사실 난 내가 좋아하는 춤을 꾸준히 해 왔을 뿐 가수 신인개발 관련 일을 할 거라는 것은 생각해 본 적이 없었다. 하지만 시간이 흘러 어느덧 오디션 전문가가 되었고 나도 아직 못다 이룬 내 꿈을 향해 조금씩 나아가고 있다. 인생이란 참 아이러니하게도 계획되지 않은 변수의 연속인가 보다.

당신의 꿈을 위한, 오디션을 책임지다!

늘 그래왔듯 요즘 난 앞으로 스타가 될 끼와 재능을 가진 신인을 발굴하기 위해 계속해서 오디션을 보러 다니고 있다. 그러던 어느 날 문득 이런 생각이 머릿속을 스쳐 지나갔다.

'대한민국에 가수(연예인)가 되기 위해 오디션을 보러 다니는 지망생은 너무 많은데 정작 오디션에 대해 제대로 알려주고 이끌어주는 오디션 전문가는 왜 없지?'

오디션에 대해 아주 단순하고 기본적인 질문을 나 자신에게 던져 보았다. 그리고 질문에 답은 굉장히 간단했다.

'그래! 대한민국 1호 오디션 전문가가 되자.' '앞으로 나의 꿈과 사명은 오디션 전문가다!'

나에겐 한 가지 큰 장점이 있다. 그것은 바로 생각하는 것을 실행에 옮긴다는 것이다. 그래서 지금은 오디션 전문 책을 집필하고 있고 앞으로 책 내용을 바탕으로 가수 지망생이 오디션을 볼 때 시행착오를 겪지 않게 유튜브 강의로 내 경험과 지식을 공유할 것이다. 또한 오디션에 관한 다양한 일화를 통해 여러 활동을 계획하고 있다.

내가 가수 신인 발굴 및 트레이닝을 하면서 보람을 느낄 때가 있다. 바로 트레이닝 한 연습생이 가수로 데뷔해 활동하는 모습을 방송으로 볼 때다. 왠지 모르게 그들의 꿈에 내가 도움이 된 것 같아 작지만 큰 성취감을 종종 느끼곤 한다.

반면 재능 있는 신인을 찾기란 마치 광산에서 광부가 보석을 찾는 일과 같다. 짧은 시간에 예리한 눈과 집중력으로 사람을 파악하기란 쉽지 않다. 그래서 오디션이 끝나면 체력 소모는 물론이고 기가 소멸될 정도로 힘이 든다. 때로는 허무함과 공허함이 밀려와 정신이 몽롱해지기도 한다.

무언가를 이루고 싶다면 적당히는 없더라. 세상에 적당히 해서 얻어지는 성공은 절대 없다. 설령 있다하더라도 물거품처럼 금방 사라질 것이다. 또한 다른 분야도 마찬가지이지만 동전의 양면처럼 화려한 연예인의 삶 뒤에는 혹독한 연습에 연습이 존재 한다. 하지만 준비가 되었다면 기회가 온다고 믿는다.

박민, 춤에 빠지다

그는 춤에 빠진 소년이었다. 춤추는 것이 좋았고 그 이외에는 처음에는 아무것도 없었다. 진로를 예술고로 정해서 가게 되었다. 예술고 나온다고 성공하는 것은 아니지만 그는 춤추는 것이 좋았다.

지금은 청춘 오디션 중

그는 정말 춤이 좋았다. 그렇게 자연스럽게 많은 기회가 왔다. 대학교 때는 아르바이트도 하면서 여러 가지 경험을 쌓게 되었고 춤에 빠지고 캐스팅 제안을 받고 오디션 전문가의 길을 가고 있다.

꿈을 이룬 연습생은 나의 행복

신인개발 일은 때로는 고도의 집중력이 필요한 일이라 끝나면 기가 빠지고 허무할 때도 있다. 하지만 오디션 지망생들이 연습생 시간을 거쳐 꿈을 이룬 모습을 볼 때 행복을 느낀다.

드라마는 드라마이다. 이 말을 하는 이유는 현실은 드라마와 같지 않은 부분이 많기 때문이다. 드라마와 같은 현실을 기대하는 사회초년생이 있다면 현실을 직시하는 것도 필요하다는 것을 이야기 하고 싶다. 역설적이지만 반대로 드라마 같은 상황을 꿈꾸기를 바란다. '하늘은 스스로 돕는 자를 돕는다.'라는 말을 들어봤을 것이다. 불공평한 세상 속에서도 공평한 것은 하늘이 돕는 일이 일어난다는 것이다. 그런 것들이 삶은 살아갈 만 하다는 것을 일깨워 준다.

사회초년생이 바라보는 시선은 크게는 두 가지가 될 수 있다. 하나는 너무 환상적이거나 하나는 너무 비관적이거나……. 하지만 이 균형을 찾는 것이 필요하다고 생각한다. 세상은 자세히 들여다보면 문제투성이다. 한편 아름다운 사람들도 분명히 있다. 그래서 너무 밝게만 봐서도 안 되지만 비관적으로만 봐서는 안 된다. 만약 그렇게만 본다면 세상은 바뀌지 않을 것이다. 균형 잡힌 시각을 가지고 볼 수 있는 눈이 필요하다. 제일 중요한 것은 내가 바뀌는 것이었다. 분명히 기억하면 좋은 것은 아무도 내 삶을 대신 살아주지 않는다는 것이다.

인생에서 성공하는 사람은 누구일까? 일단 성공이라는 기준을 스스로 정해야 하는 것이 좋다. 그렇다면 누가 오디션에 통과할까? 누가 캐스팅이 될까? 오디션에 통과하고 싶은 사람이라면 먼저 자신을 냉정하게 분석해야 한다. 실력은 있는지 마음가짐은 제대로 되어 있는지 외적으로도 좋은 모습을 보여주기 위해 노력하고 있는지 자신을 먼저 알아야 한다.

오디션 전문가인 그는 신인 개발에 있어서 3가지의 기준을 제시하고 있다. 3가지를 보면 당연한 거라고 이야기 할지 모른다. 그것은 다음과 같다.

오디션에서 무엇을 볼까?

1. 실력
2. 인성
3. 이미지

하지만 3가지를 갖추었는지 스스로를 객관적으로 판단하기는 어렵다. 3가지 단어를 기억하되 너무 마음을 얽매이면서 기준에 맞추려고 하면 오히려 역효과가 날 수 있다. 기억하고 노력하되 자유롭게 스스로를 준비하는 것이 필요하다. 그렇게 스스로를 계속해서 갈고 닦을 수가 있느냐가 관건이 될 것이다. 이 과정을 견뎌내고 끝까지 꿈을 이루겠다는 의지를 가진 사람에게는 분명 기회가 올 것이다. 오디션 뿐 아니라 모든 일이 마찬가지인 것을 깨닫는다.

나도 처음 사회에 발을 디디게 되었을 때 그와 같이 세상에 어두운 부분을 많이 발견했다. 그 역시 첫 사회생활을 돌이켜 보면 세상의 밝은 면보다 어두운 면을 먼저 본 것 같다고 이야기 한다. 현실은 냉혹했고 학교에서 배우고 들었던 세계와는 많이 달랐다. 때론 배신감도 느꼈고 혼자 어딘가에 떨어진 느낌이었다고 한다. 누가 알려주지 않으니까 스스로 돌파구를 찾아야만 했다고 한다.

가수지망생들을 발굴하고 트레이닝 해 온 그는 의지만으로 힘든 연습 과정을 버티기는 어렵다고 이야기 한다. 그래서 의지를 매일 측정할 수 있는 '의지 측정기'를 만들 것을 제안한다.

그는 자신 만의 '의지 측정기'가 있다고 한다. 평일에 매일 아침 6시에 일어나 헬스장에서 1시간 동안 열심히 운동을 한다. 헬스장은 그의 '의지 측정기'다. 하루라도 운동을 하지 않은 날엔 의지가 떨어졌음을 인지하고 스스로 자기반성을 하며 마음을 다잡곤 한다고 이야기한다.

이처럼 꿈을 위해 자신의 의지를 매일 체크할 수 있는 '의지 측정기'를 만들어 자신을 시험하길 추천한다. 그게 독서든 노래연습이든 상관없다. 매일 꾸준히 시간의 양을 정해서 의지가 떨어지지 않게 스스로에게 미션을 주고 측정해야 한다고 이야기 한다. 그래야만 의지가 꺾이지 않고 지속적인 반복으로 인해 꿈에 가까워질 수 있다.

그렇게 자신만의 '의지 측정기'를 가지고 간절한 마음으로 연습해 나간다면 틀림없이 이렇게 매일 반복되는 삶 속에 반드시 기회는 찾아올 것이며 당신이 준비가 됐을 때 기회를 붙잡을 수 있을 거라는 응원을 전했다.

감성과 센스를 판다.

오지훈

서울에서 제주까지

어제 미용실을 다녀왔는데 보여준 사진처럼 머리는 완성되지 않았다. 내 얼굴에 1도 어울리지 않는다. 한 마디로 망했다. 헤어스타일이 얼굴에서 차지하는 비중이 얼마나 큰가! 처음 들어간 직장은 내가 있어야 할 곳이 아니었나 보다. 내가 생각했던 것과 너무 달랐다. 최소1년은 있어야 경력으로 인정받을 수 있다고 해서 1년은 버텼는데 다시 회사에 이력서를 넣어보아야 한다.

이력서에 붙일 증명사진을 찍었는데 이렇게 머리가 나올 줄이야…… . 직장 찾는 것도 힘든 지금 머리까지 이렇게 나와서 마음이 심란하다. 나도 1년 동안 회사를 다니면서 실수를 많이 했는데 그 디자이너 분도 초보라고 하니 그렇게 이해하며 마음을 다독이고 있다. 머리를 묶고 증명사진은 찍기로 결정했다.

다시 현실로 돌아와서 어떤 회사에 이력서를 넣을지 리스트를 작성하는 것에 지쳤다. 오 마이 갓! 그렇게 회사에 노력해서 들어갔던 회사는 내가 생각했던 그런 곳이 아니었다. 다음 달에 사표를 쓰고 나가야하나 하는 생각이 매일 드는 이유는 무엇일까?

어떤 곳에는 파일명만 바꾼 이력서와 자기소개서를 보내는 것도 여러 번! 물론 노력하는 것은 아름다운 일이지만, 계속해서 실패감만 쌓여가는 감정소모의 시간은 팍팍하고 굳어진 마음을 더욱 좌절로 이끌어간다. 수없이 들어온 자기 긍정에 대한 강의는 다 거짓말같이 느껴지는 하루를 보낸다.

또한, 누군가는 운 좋게 통과한 회사에서 일을 배우면서 열심히 다녀보리라 다짐 하고 사람들로 빽빽한 대중교통을 타고 집과 회사를 오가며 일 하지만 점점 더 이 길이 내 길이 아닌 것 같은 느낌은 무엇일까? 아무런 걱정도 없어 보이는 일 잘하는 동료를 보면 더욱 일에 대한 괴리감은 높아져 간다.

그리고 이직을 위해서 이력서와 포트폴리오를 정리하며 작성하는 일은 어느덧 한 달이 지났다. 침대위에 잠시 누워 한 숨 돌리고 있다. 한 숨만 나오는 이 순간 친구가 한 장의 사진을 보내왔다. 바로 최신 유행 헤어스타일!

SNS 속 바로 그 헤어스타일은 지금 내가 하면 왠지 정말 기분 좋게 잘 어울릴 것 같은 느낌이다. 한 달 전에 망쳐버린 머리는 잊고 그래, 미용실에 가서 스타일 변신하고 기분전환이나 하자. 친구와 약속을 잡고 함께 시내에 있는 미용실에 가기로 했다. 그리고 마침 실력

좋은 디자이너 선생님의 손길이 지나가고 완성된 머리는 잠시나마 내 상황을 잊게 만들어 준다.

이렇게 나쁜 기분도 좋게 바꿔주는 헤어 디자이너라는 직업을 가진 사람이 있다. 그의 나이는 생각보다 얼마 되지 않았음에도 이제는 제주도에서 헤어살롱 원장님으로 감성과 센스를 팔고 있다. 일찍 꿈을 꾸고, 그 길을 걸어왔지만, 우여곡절도 많았단다. 그래도 헤어 디자이너를 포기하겠다는 생각은 없었다고 한다.

꿈을 이루고자 제주도에서 서울까지 올라와서 한 걸음씩 성실하게 연구하며 디자이너의 길을 걸어왔다. 지금은 고향인 감성 넘치는 제주도로 돌아가 애정 넘치는 직원들과 함께 직접 인테리어로 시작한 꿈꿔오던 헤어살롱 속에서 새로운 이야기를 써 나가고 있다. 감성과 센스가 넘치는 그의 이야기 속에서 열정을 느껴 볼까! 그의 시선으로 이야기를 시작한다.

내 꿈은 뭘까?

어느 날이었다. 무심코 머리를 자르러 갔다가 너무나도 마음에 들지 않고 오히려 자신감을 떨어뜨리는 헤어스타일을 한 내 모습을 거울 속에서 보았다. '내 감각으로 콤플렉스를 가진 외모를 보완하거나 예쁜 얼굴을 더욱 아름답게 만들 수 있는 헤어스타일을 연출해 줘야

하겠다.' 생각하고 미용을 시작하게 되었다.

그것이 내가 미용인이 되기로 한 시작점이었다. 그 때가 바로 고등학교 1학년! 당시 나는 한창 외모에 민감했고 내 꿈이 뭘까 방황하고 있던 때였다. 작은 사건이 나에게는 꿈을 가지게 된 계기가 된 것이다. 그리고 꿈을 이루기 위해서 행동을 시작했다.

미용 일을 배우는 것을 시작으로 제주에서 서울까지 가서 이름을 들으면 다 아는 유명 미용실에서 디자이너, 수석디자이너를 거쳐 다시 제주로 돌아와서 직접 '원더링 살롱'이라는 미용실을 하게 되었다. 미용을 일찍 시작했기 때문에 그렇게 많지 않은 나이에 개인 살롱을 시작하게 된 것이다. *단순히 헤어디자인을 하는 것을 넘어 '센스와 감성을 팔자'를 슬로건을 가지고 일 하고 있다.*

미용을 하면서 많은 우여곡절이 있었지만 솔직히 미용을 그만두고 싶었던 적은 한 번도 없었다. 어떻게 하면 더 잘 할까, 어떻게 하면 실패 없이 기복 없이 늘 예쁜 스타일을 연출 할 수 있을까 고민을 많이 하는 편이다. 그러다보니 어느새 미용 15년차가 되었다.

사실 나는 '고객 시술'이라는 상업적인 멘트에 앞서서 내가 좋아서 이 일을 먼저 한 것이기 때문에 내가 연출한 대로 내가 의도한 대로 스타일이 완성되고 거기에 고객의 만족도가 더해질 때 가장 행복하다. 고객에게 어울리는 스타일을 스스로 내가 생각한대로 나왔을 때 행복함을 느낀다.

힘들다고 느낄 때는 딱 한 가지이다. 원하는 대로 스타일이 연출되지 않았을 때 이다. 사람마다 모발의 양, 모발의 굵기, 두상의 모양 등이 너무나 다르기 때문에 오랜 기간 미용을 하고 있지만 아직도 어렵기도 하고 재밌기도 하다. 그래서 연출하고 예상한대로 스타일이 나오지 않았을 때 가장 괴롭고 힘이 든다. 하지만 경력과 노하우가 쌓여가고 끊임없는 노력을 통해 실패확률을 줄여가는 지금의 모습에 뿌듯함과 자부심을 느끼고 있다.

ONLY ONE

내가 최고라고는 생각하지 않는다. 하지만 늘 최고가 되자 라는 생각으로 열심히 하다 보니 대한민국 NO.1은 아니지만 ONLY ONE 이라는 것이 생겨가고 있다. 그래서 나만이 연출 할 수 있는 스타일은 분명해 지고 있다.

앞으로의 꿈은 핵심을 먼저 이야기 하자면 내가 운영 중인 살롱을 떠 올리면 가고 싶은 살롱, 진심을 전하는 살롱을 만드는 것이 목표이다. 그런 의미에서 명품 미용실을 만들고 싶다. 살롱에 오시는 분들이 인정하는 기술과 서비스를 계속해서 채워나가는 것이 내가 해야 될 일이라고 생각한다.

두 번째 목표는 원더링 살롱만의 패밀리를 구성하고 싶다. 구성원 모두가 머리 잘 하고 서비스 좋은, 고객과 친근하게 소통 할 수 있는 그런 패밀리를 만들고 싶다. 그러기 위해 나부터 그러한 모습을 보여 주려고 노력하고 있고 앞으로 소속된 팀원들 모두가 멋진 디자이너로 성장할 수 있게 지원 하는 것이 집중하고 있는 부분이다.

요즘 시대는 정말 힘든 시대라고 생각 한다. 취업의 문턱은 점점 높아지고 있고, 경쟁은 점점 심해지고 있다. 내가 미용을 시작하고, 지금 미용실을 운영하고 있는 가장 큰 원동력은 *추진력* 이었던 것 같다.

하고 싶은 일이 있다면 두렵고 겁이 나겠지만 일단 해 보는 것은 어떨까 하는 얘기를 나누고 싶다. 그 과정에서 얻는 시행착오들이 지금의 나를 더 단단하게 만들어주지 않았나 하는 생각을 해 본다. 지금 당장 최고가 아니더라도 최고가 되고자 하는 마음이 또 다른 가치 유일한 가치 'Only One'을 만들어 낸다고 생각한다. 하려는 일을 시도하는 누군가는 멋진 사람이다.

꿈을 행동으로 옮긴 제주소년

제주에서 서울까지 미용인의 꿈을 가지고 갔던 그는 바닥부터 하나
씩 디자이너의 과정을 거쳐 수석 디자이너가 되고 금의환향하듯 제주
로 돌아가 자신만의 살롱을 꾸리게 되었다.

실패 후 시작된 꿈

미용실에서 실패한 그의 머리를 본 순간 그의 감각이 발동했다. 꾸
미기 좋아했던 그는 감각을 믿고 미용인이 되기로 결심했다. 실패를
개의치 않고 문제를 해결하고자 하는 것, 꿈의 시작이다.

비켜라! 우여곡절

많은 우여곡절을 겪었지만 한 번도 미용을 그만두겠다고 생각하지
않았다. 좋아하는 일이었기에 힘든 시간들은 그렇게 지나가게 되었
다. 좋아하는 일은 폭풍우 같은 시기를 이겨내게 한다.

센스 있는 사람, 센스 없는 사람의 차이점은 무엇일까? 센스 (Sense)란 패션전문자료사전에 따르면 감각, 의식, 느낌 등의 뜻을 가지고 있다. 패션의 감성을 예리하게 붙잡는 지각이 예민할 때 '센스 있다.'라고 표현한다. 감성에 대한 민감도에서 차이를 느낄 수 있다. 팔고 싶은 것은 센스와 감성이라고 이야기 하는 그!

살롱에서 단순히 머리를 시술하고 돈을 받는 것이 아닌 센스를 팔고 싶다는 그의 이야기는 그가 헤어 디자이너를 시작한 이유와도 같다.

미용실에서 스타일이 잘 만들어졌을 때 느끼는 기분을 말해서 무엇 하랴! 자고나면 전문가의 손길이 이불 아래로 헝클어져 버리더라도 어쨌든 당일의 기분은 연예인이 된 듯 혼자만의 감성에 빠지기 충분하다. 그러한 감성을 느끼고자 찾은 미용실에서 그것을 못 느끼면 하루가 며칠이 기분이 그렇고 그렇다. 이런 상황은 과도하게 표현하자면 분명 절망적이다.

그런데 이런 포인트에서 그의 꿈은 시작이 된 것이다. 먼저는 스스로를 스타일링하고 싶었고 그래서 제주에서 서울까지 가게 만든 계기가 되었다. 하지만 그렇게 시작된 꿈은 호락호락하지 않았다. 여러 가지 우여곡절을 겪게 되었다. 사실 진짜 내 꿈이 아니면 힘든 순간들이 올 때 쉽게 포기하게 된다. 세상이 말하는 성공이라는 단어는 어쩌면 얼마나 잘 버티는지 몇 번의 고비를 넘어가는지가 답일지 모른다.

나 역시 인생을 포기하고 싶은 시간이 많았다. 책을 쓰리라 굳게 믿었지만 이렇게 원고를 쓰게 되리라는 생각도 할 수 없을 때가 많았다. 하지만 울 때는 울더라도 다시 결국에는 엎어져서 계속 울고 있기보다는 일어서는 것을 선택했다.

사실 정말 좋아하는 일이고 내 인생에서 정말 해야 하는 일은 누가 뭐래도 하게 된다. 비가 오든 눈이 오든 그냥 몸이 반응을 한다. 몸이 힘들면 누워서도 영혼 은 계속 반응하게 된다. 그런 꿈이 정말 꿈이라고 말할 수 있지 않을까?

꿈이 지금 없다면 어떤 것을 취미로 해 보고 싶은지 그리고 혹시라도 어떤 것을 할 때 내 마음이 좋아하는지 기억이 날까? 어쩌면 그것이 자신의 업일지 모른다. 그것을 할 수 있는 직장으로 가거나 창업을 하면 직업이 선택되는 것이라는 것을 깨달았다. 많은 사람들이 가장 먼저 직업인이 된다. 하지만 곧 고민하고 만다. '이 길이 내 길일까?' 물론 돈을 버는 일이 되어 버리면 어떤 일이든 일을 하면서 발생하는 골치 아픈 일들 때문에 힘들 때가 있다. 하지만 근본적으로 그 일을 좋아하면 이겨낼 수 있는 힘이 있고 그 분야에서 성공할 확률은 높아진다. 직장을 찾기 전 내가 평상시 어디에 관심이 있는지를 살펴보는 것이 꿈을 찾는 시작이 된다.

그런 점에서 그는 자신 있고 하고 싶은 일을 찾았고 여러 가지 우여곡절을 겪으면서도 같은 길을 계속 걸어갔다. 단지 길을 걸은 것이 아니라 연구하고 고민하면서 자신이 가장 잘하는 헤어 스타일링까지 만들어내는 전문가가 되었다.

위대한 발명은 문제점에서 시작 된다고 한다. 그의 꿈은 헤어시술의 결과물을 보는 순간 스스로 해 보고 싶다는 마음의 발견에서 시작되었다.

그의 타고난 감각이 발동하기 시작했고 생각에서 머물지 않고 스스로를 믿고 미용인이 되기 위한 첫걸음을 시작하기로 했다. 꿈은 제주에서 시작해서 서울에서 펼쳐졌고 다시 제주에서 자신만의 개성을 가지고 센스와 감각을 담은 살롱을 하는데 까지 이르게 되었다.

지금 이 순간에도 누군가는 미래를 떠 올리며 꿈을 꾸기 시작했다. 목적지는 어디일까? 또 누군가는 꿈의 길을 걸어가고 있다. 포기하고 싶을까? 또 다른 누군가가 꿈을 발견하고 찬바람이 부는 시간을 지나가고 있을 때라도 시간을 지나 자신만의 개성을 펼칠 수 있기를 함께 기대한다.

남이 말하는 꿈 내가 말하는 꿈

오늘의 나는 누구의 삶을 살고 있을까? 그리고 지금 꾸고 있는 꿈은 누가 정의한 꿈일까? 꿈은 어떤 종류로 분류 할 수 있을까? 어떻게 포인트를 잡느냐에 따라서 달라질 수 있지만 '관점'이라는 점에서 본다면 2가지로 나눌 수 있다고 생각한다.

첫째, 남이 말하는 꿈

남이 나를 보는 관점에서의 꿈이다. 가장 가깝게는 부모님이 나를 보는 관점이다. 나를 사랑하는 대부분의 부모님은 내가 고생길로 들어가기 보다는 안전한 길로 가서 부모님이 힘든 삶을 사셨다면 보장이 되어 있고 확인이 되어 있는 길을 가기를 대부분 원하신다.

남이 말하는 꿈은 안정적이며 당장의 가시적인 성과가 보장되어 있는 꿈들이다. 사회나 친구들 지인들이 말하는 꿈도 여기에 포함된다. 저 친구가 이 회사 들어간다고 하니까 나도 들어가는 것이다. 카페라도 하나 정해서 골똘히 생각하며 이것이 맞을지 저것이 맞을지 하루도 고민하는 시간 없이 친구 따라 강남 가는 경우이다. 그것은 순간 내 꿈같아 보일지 몰라도 결국 내 꿈은 아닌 것이다.

남이 말하는 꿈이 맞는 것도 있다. 사실 떡볶이 장사를 하려는 사람에게 떡볶이 장사에서 성공하려면 좋은 고춧가루와 떡과 오뎅이 필요하다고 이야기 해 준다면 그것은 조언이지만 '내가 성공했으니까 너도 떡볶이장사 한 번 해 봐.'라고 한다고 해서 내가 성공할 수 있을까? 아무리 모든 조언을 아끼지 않고 말해도 내 마음이 할 생각이 없다면 소귀에 경 읽기이다.

가수가 될 생각이 없는 아들에게 자신의 꿈이 가수였던 아버지는 계속 학원에 데려가서 보컬트레이닝을 시킨다고 해서 기술적으로 향상될지는 모르지만 진정한 가수가 될 수 있을까?

이런 저런 도전을 해 보려는 사람일수록 남이 말하는 꿈과 부딪힘을 경험 한다. 지인에게 꿈 이야기를 해 봤자 돌아오는 것은 격려보다 걱정이나 비아냥거림이 돌아 올수도 있다. 그런 반응은 어쩌면 공식 같은 것일지 모른다. 그래서 가까운 사람에게는 꿈을 이룬 모습을 보여주는 것이 가장 좋은 방법이라고 생각한다. 계속 자신의 꿈이나 사회의 꿈을 얘기할 것이다.

물론 현실을 직시하는 것도 놓쳐서는 안 된다. 중요한 점은 근본적으로 내가 고민하고 고민해서 결정한 꿈이 남이 말하는 꿈 앞에 주저 앉으면 안 된다는 것이다.

응원해 주는 사람이 있다면 행운일 것이다. 응원 해 주지 않아도 당신의 진정하고 간절한 꿈이 있다면 그냥 넘어가자! 가장 중요한 것은 다음의 관점이다.

둘째, 내가 말 하는 꿈

내가 나를 바라보는 관점에서의 꿈이다. 정말 하고 싶은 일이 생긴 경우이다. 물론 생긴 꿈을 이뤄 나가는 길까지 어떤 일이 생길지 예상할 수 없다. 그 꿈이 이뤄진다는 외부적인 보장은 없다. 꿈이 이뤄진다는 보증서는 나의 '믿음'과 '실천' 뿐 이다. 이제는 꿈을 이룰 방법을 찾아야만 한다.

꿈을 꾼 뒤 여러 번의 실패를 겪은 후 일지도 모르고 아직 어떻게 해야 할지 방법을 찾지 못했을 수도 있다. 하지만 나는 여전히 처음 꾸었던 꿈을 가지고 있다. 내가 말 하는 꿈인 것이다. 당신이 잘 하고 좋아한다면 금상첨화이고 사람들에게 도움을 준다면 최고라고 생각한다.

결론적으로 우리는 현실과 이상이라는 괴리감을 어떻게 줄여 가느냐가 우리의 과제이다. 하지만 진정 자신이 진정 이루고 싶은 꿈을 위해서 단지 꿈만 쫓을 수는 없을 것이다. 하지만 중요한 것은 안정적인 것을 보장받기 위해서 꿈을 포기하지 말자는 것이다. 첫 번째 파트에서 봤듯이 꿈을 포기하지 않고 음악인의 꿈을 이루기 위해 한 때는 아르바이트와 음악공부를 스스로 책임지며 길을 걸어갔더니 생각지 않은 좋은 일들도 만나게 되었다.

어떤 사람은 꿈을 이루겠다고 무책임하게 사는 경우도 있다. 사실 이런 스타일은 꿈에 대한 도취와 착각에 빠져 있을 수 있다. 허황된 미래만 꿈꾸는 경우가 많다. 예외라는 아주 극소수의 상황을 빼고는 누구나 꿈에 대한 대가를 지불했다.

훌륭한 가수가 되겠다면 노래연습을 더 해야 하고, 작가가 되겠다면 글을 써야 하고, 대학교를 가려면 공부를 해야 하고, 취업을 하겠다면 그 분야를 공부하고 준비해서 이력서를 제출해야 한다.

핵심은 자신이 정말 이루겠다고 마음먹은 멋진 꿈을 끝까지 꿈꾸고 이루는 것이라고 생각한다. 사회초년생이 빛나는 것은 생활과 상관없이 마음껏 꿈을 꿀 수 있는 미래가 더 많다는 것이다. 미소 지어도 좋다.

나를 살리고
너를 살리는 꿈

오늘은 운이 좋게도 별이 떴다.
항상 집에 가려면 가로수 등이 없는 길을 걷는다.
그런데 오늘은 별이 떴다.

오늘은 운이 좋게도 별이 뜨지 않았다.
가로수 등이 없는 길에 별조차 없는데 운이 좋은 것은
오늘은 별 대신 같이 걸어갈 친구가 있기 때문이다.

친구란 무엇인가?
두 개의 몸에 깃든
하나의 영혼이다.

아리스토텔레스(Aristoteles, BC384~322)

같이 갈래?

혼자가 좋을까? 둘이 좋을까?

　요즘 같이 정신없이 일을 하는 시대에 살고 있는 사람들은 혼자 있고 싶다는 이야기를 많이 한다. 나도 일이 많을 때 섬에 가서 피곤이 풀릴 때까지 계속 쉬고 싶다는 이야기를 자주 하곤 했다. 주변에 있는 지인들의 그냥 혼자 좀 있고 싶다는 이야기를 듣곤 한다.

　하지만 역으로 혼자 계속 지내다 보면 역설적으로 외로움이 찾아 들기도 한다. 혼자 있는 것이 편하다고 할지라도 인간에게 끔찍할 정도로 질린 사람이 아니라면 철학자 아리스토텔레스의 '인간은 사회적 동물이다.' 라는 말을 대변하듯 문득 누군가 사람이 있으면 좋겠다는 생각을 한다.

　특히 사회초년생에게 있어서 누군가가 옆에 있다는 사실이 그렇게 든든할 수 없다. 군대에서 만난 같은 기수가 의지가 되듯 직장에서 만난 동기는 평생갈 수도 있다. 사회초년 생활의 고된 업무와 예측 불가

능하게 일어나는 사건과 사고 가운데서 믿고 나를 이해해 주고 이야
기 할 수 있는 대상이다.

　누군가의 도움이 간절할 때가 있다. 또는 내 이야기를 들어주면 답
답한 마음이 해소될 것 같은 때가 있다. 이렇게 혼자가 아닌 '같이'의
의미는 생각보다 큰 영향을 미친다. 그런 마음으로 티셔츠를 판매해
서 수익금으로 꿈을 가진 누군가의 꿈을 이룰 수 있다면 좋겠다는 마
음으로 티셔츠를 판매 했다. 그리고 그런 생각을 공유하기 위해서 카
페공연을 했다.

　마음은 통한다고 했던가! 이 생각에 감사하게도 공감 해 주는 많은
분들이 이 일에 함께 해 주셨다. 인맥을 만들 시간이 없었고 어떻게
만들지도 몰랐지만 온라인에서 글을 공감해주는 소중한 인연들은 오
프라인까지 이어져서 작지만 일을 만들게 되었다. '같이 갈래' 라는 공
연제목은 그 때 함께 해 준 막 앨범을 내었던 '노 엣지(No edge)'의 노
래에서 빌어 공연 이름을 정하고 공연은 하루를 따뜻하게 채웠다.

　그 때를 떠 올리며 #같이 하면 좋은 점들

　1 비가 억수같이 내렸지만 같이 있다는 *#즐거움*
　2 두근두근 사람들을 만나는 좋은 *#긴장감*
　3 아주 작은 금액이지만 모아서 나눌 수 있는 *#나눔*

단지 꿈으로만 생각했던 그날의 기획은 많은 분들의 마음이 모여서 현실이 되었다. 어른들의 학예회는 따뜻함을 만들었고 무엇보다도 음악인의 꿈을 가진 친구의 마음에 꿈에 대한 긍정적인 기운을 남겼음을 나중에 알게 되었다. 단 한명이라고 할지라도 꿈을 마음에 남겼다면 성공했다고 생각한다.

그 날 카페에서 있었던 감동을 잊지 않고자 노력한다. 블록버스타급 공연이 아니지만 꿈에 대한 공유의 감각을 깨우고자 했던 일들과 '같이'라는 가치를 함께 실천할 수 있다는 시간이 감사함으로 마음에 남아 있다. 꿈이 현실이 된 연혁을 남겨 보았다.

꿈의 가치를 어떻게 전할지에 대한 고민이 기획의 첫 번째 단계였다. 꿈의 메시지를 담은 티셔츠를 만들고 싶다는 이야기를 들어주고 여러 촬영을 도와준 친구 민아와의 소중하고 고마운 시간들도 여러 차례였다.

Since 2012
꿈의 가치를 어떻게 전할까 고민

2013년 2월 2일
꿈에 대해서 온라인에서 나누기 시작

2013년 5월 31일
첫 꿈 인터뷰가 시작

2015년 6월 20일
꿈 지원을 위한 티셔츠 기획과 홍보

2015년 6월 24일
'같이 갈래' 프로젝트 기획 건 홍보
　제작 참여: 노 엣지(노래), 박민현/박찬별(연기), 김동진 (사진/영상), 장진석(제작총괄), 임태희(기획)

2015년 7월 8일
'같이 갈래' 제작 영상 업로드

2015년 7월 25일
'같이 갈래' 카페공연
　공연 참여: 하태현 학생과 친구들, MSG, 노엣지, 엘 엔터테인먼트 대표 김갑식 테너님, 박선나 강사님, 前 비행기 카페 홍주영 대표님 카페 무료대관

위의 모든 일을 혼자서는 할 수 없었다. 나는 이 순간을 보고 꿈은

이루어진다는 것을 알게 되었다. 그리고 꿈이 이루어지기 위해서는 '진심'이라는 엔진이 발동해야 하고 '실천'이라는 바퀴가 움직여야만 한다는 것도 몸소 체험하게 되었다.

부족하고 부족하지 않고를 떠나서 아주 작은 일이었지만 '같이'의 가치를 경험할 수 있었다. 앞으로 그 날의 경험과 같이 모든 것이 순리대로 되기를 바라는 마음이다. 그래서 내 마음이 항상 온전한 마음인지 볼 수 있는 눈을 가지기를 원한다.

꿈이 생기는 계기는 다르지만 나 같은 경우는 '문제인식'에서 시작해서 '그것을 어떻게 해결할 수 있을까?'로 발전해서 앞은 보이지 않았지만 간절함을 가지고 길을 걸어갔더니 꿈이 이루어졌다. 많은 꿈들 중 한가지였던 그 날의 간절한 꿈을 계속 이어가려고 한다.

여전히 주변에는 '같이'의 가치를 만들어 가는 이름들이 있다.

자존감을 가지고 스스로를 믿어준다.

박은나

치료하고 일으키고

오늘 3년 동안 사귀었던 사람과 헤어졌다면 누가 그 마음을 가장 이해하기 쉬울까? 바로 똑같이 그것도 어제 이별을 겪은 사람이 이별의 마음을 가장 잘 알 것이다. 상처는 상처를 알아볼 수가 있다. 마음은 마음을 알아보는 것이다.

상처 때문에 일어나지 못하는 사람들이 있다. 자신조차도 이해하지 못하고 어떻게 해야 할지 모를 때 누구도 도와주는 사람도 없을 때 인생을 포기하고 싶은 마음이 든다. 나도 인생을 포기하고 싶었던 순간들이 있었다. 아니, 많았다. 살아갈 이유를 찾지 못했을 때가 있었다. 그럴 때 어떤 말이 나를 붙잡아 줄 수 있는 순간이 있었다.

당신의 마음도 넘어졌다면 분명 어떤 계기가 있었을 것이다. 그것은 큰 것 일수도 있지만 의외로 사소한 것일 수도 있다. 나 자신을 이해하고 있지 못하기 때문에 그럴 수도 있다. 나 아닌 너를 이해하고 있지 못했기에 그럴 수도 있다. 나를 알고 적을 알면 100번 싸워도

100번 이긴다는 '지피지기 백전백승'이라는 말이 있다.

　전쟁에서만 통하는 말은 아닐 것은 우리는 전쟁과도 같은 삶을 살고 있지 않은가! 요즘은 대부분 고등학교를 나온 시대에 수학공식, 영어문법은 알고 있을지 몰라도 소통의 법칙은 잘 모르고 사는 경우가 많다. 도대체 쟤는 왜 그럴까? 라는 생각이 드는 사람은 없는가?

　상처는 이해가 되지 않을 때 시작되는 것처럼 마음의 치료는 이해가 되어 질 때 시작이 된다. 내가 이해되고 네가 이해 될 때! 나 혼자가 벅찰 때 도와주는 누군가가 있다면 늪에 빠진 것 같이 이러지도 저러지도 못하는 지금의 상황에서 벗어날 수가 있다. 당당하고 밝고 따뜻한 그녀에게도 마음에 상처가 있었다. 그래서 상처를 가진 사람을 일으켜 주고 싶었다. 항상 도움의 손길을 뻗어 많은 사람들을 도와주는 그녀의 일으키고 세우고자 하는 마음이 지금 앞으로 나가고자 하는 누군가의 마음을 두드리기 원한다.

　나는 상처 입은 사람들에게 노래를 부르고 싶었다. 그래서 보컬을 배우고 싶었는데 버스를 타고 갈 때 항상 들리던 학원 이름이 있었다. 그래서 그 곳에 상담을 위해서 찾아갔었는데 그녀를 거기서 만나게 된 것이다. 이야기를 나누다 보니 사람들을 위로하고 세우는 공통의 주제가 있는 것을 발견하게 되었다. 즉시 인터뷰를 요청하고 글로 썼다. 인터뷰를 하면서 그녀의 생각과 함께 사회초년생의 시절을 어떻게 지나갔는지 들을 수 있었다.

회사가 직원을 끝까지 책임질 수 있을지에 대한 고민과 삶에서 겪어낸 이야기들이 그녀의 꿈을 만들어가고 있었다. 꿈이란 알고 보면 거창한 것이 아닌 지금의 일상을 살아가는 일에 대한 것이라고 이야기 해 주고 있다.

회사가 주체가 되었던 직장인에서 스스로가 주체가 되는 직업인이 되기로 한 그녀! 거기에 다른 사람의 마음까지 만져주는 일을 시작한 그녀의 시선으로 들어가 볼 차례이다.

아무도 나를 책임져 주지 못 한다

오전에 눈을 뜨면 어떤 생각을 하는가? 오늘 당장 처리해야 할 업무 목록이 떠오르지는 않은가! 직업 때문에 사생활을 희생하게 되는 상황을 '일 중독증'이라고 한다.

물론 일 중독에 걸린 사람들은 스스로가 '일 중독증'이라는 사실을 인정하지 않기도 한다. 일 하지 않으면 자신의 가치가 떨어지거나 죄책감을 느끼는 경우도 있고 결국 신체적, 정신적 스트레스가 쌓여 무기력해지거나 불안, 분노 등의 번 아웃(Burn Out)증상에 도달하기도 한다. '일 중독증'은 인간관계에도 좋지 않은 영향을 미칠 수 있다.

일 중독증에 대해서 이야기 한 것은 대기업에 다니던 중 사생활보다 일에 집중하는 워커홀릭(Workaholic)에 빠지게 되었고 그러던 중

인간관계에 대해서 생각하게 되는 시간이 있었고 그래서 심리 상담과 교육 강사 일을 시작하게 되었기 때문이다.

회사는 내 미래를 책임져 줄 수 있을까? 이런 생각을 했던 시기이기도 하다. 직장인이 아닌 직업인이 되고 싶은 마음이 제 2의 공부를 하게 되는 계기가 되었다. 그런 나의 마음은 심리 상담을 공부하게 이끌었다. 이제 조직의 일원이 아닌 개인 프리랜서로서의 삶을 살아야 했다. 매 월 지나면 일정한 금액이 나오는 생활을 뒤로 하고 스스로 노력한 만큼 받아야 하는 상황에 대한 부담감도 있었다.

사실 회사에 있었을 때는 대출을 받아도 대기업이라는 신용이 있었기 때문에 은행에서도 믿어 준다. 하지만 회사를 그만둔 순간 바로 돈 갚으라고 전화가 왔을 때는 정말 당황스러운 마음이었다. 내가 어떤 큰 울타리 속에 있었다는 것을 깊이 느껴보는 순간이었다. 일도 곧 잘 했기에 회사를 떠나서 혼자 일 하는 것이 익숙하지 않았다.

하지만 앞서 말한 어느 순간 일만 너무 한다는 사실을 깨닫고 인간관계에 대한 생각을 다시 하게 되었을 때 익숙해진 것을 떠나 새로운 일을 시작하고자 결심한 것이다. 또한 회사가 나를 평생 책임질 수 있느냐는 스스로에 대한 질문도 결심을 하게 된 다른 동기이다.

변화의 계기가 필요했던 순간은 다름 심리 상담과 교육 강사라는 새로운 직업인의 길로 자연스럽게 이끌어 주었다.

회복과 세움

상담을 할 때 가장 즐거울 때는 타인이 변화되는 것을 볼 때이다. 그 때는 정말 기쁘다는 생각을 하게 된다. 교육 후에는 "이런 부분을 적용 해 보겠습니다. " 라고 말하며 가벼운 마음으로 돌아가는 분들을 볼 때는 정말 기분이 좋고 이 일을 잘 했다는 생각을 하게 된다.

반면 기업 강의를 나갈 때 팔짱을 끼고 무덤덤하게 쳐다보는 권위 의식을 가진 분들은 회유해서 교육해야 한다는데 어려움이 있다.

또한 학교 밖 청소년들을 만날 때는 처음에는 떨리기도 하고 어떻게 얘기할까 고민도 하지만 막상 대화를 해 보면 어른들의 교육부재로 일어난 결과라고 느낄 때마다 비통하다고나 할까!

취업준비생들과도 많은 이야기를 나누었다. 자기가 어떤 사람인지 멘토, 코치, 심리 상담사 등을 찾아 볼 수 있도록 의논하는 것이 참 필요하다. 내가 도움 받아야 될 시점이라는 것을 인정하고 혼자 고민하기보다 도움을 청하는 것도 필요한 시기라는 것을 말 해 주고 싶다. 심리상담은 나를 안정화 시키는 과정이다. 자신의 사고의 틀을 깨고 마음에 힘을 키우는 연습을 하는 것이다. 그래서 심리 상담을 받으라고 이야기 한다.

열등감의 반대말은 자존감이다. 이것은 스스로를 믿어주는 힘이다. 열등감은 스스로를 믿어주지 못하기 때문에 생긴다. *자존감을 가 지고 스스로를 믿어주었으면 좋겠다.*

인간관계에 대한 고민을 많이 했다. 그래서 심리에 대한 공부도 하게 된 것이다. 그래서 사람들이 인간관계에 대해서 고민하고 있다면 그 마음을 충분히 이해한다. 나도 고민한 부분이니까.

자신을 이해하고 싶고 찾아내고 싶고 방황하는 사람들이 잘 찾아가도록 심리 상담과 코칭을 하려고 한다. 앞으로의 일은 다 알 수는 없지만 어떤 일을 하는 가운데서도 사람들을 회복하고 다시 일어설 수 있도록 하는 일은 계속하지 않을까. 회복과 세움의 일들이 많이 일어나기를 기대한다. 스스로를 믿고 지금의 상황을 다 같이 이겨나가기를!

회사가 나를 책임질까?

대기업을 다니며 일중독에 빠지게 된다. 그러면서 많은 생각을 하게 된다. "회사는 내 미래를 책임질 수 있을까?" 그런 생각은 직장인이 아닌 직업인이 되고자 하는 생각으로 이어졌다.

프리랜서로서 제2의 삶을 선택

인간관계에 대한 고민을 많이 했다. 그래서 자신을 이해하고 싶고 찾고 싶은 방황하는 사람들의 마음을 세워주고 싶었다. 그래서 상담사로 강연자로의 삶을 이어가게 되었다.

누군가의 변화는 나의 행복

일을 하다보면 예상치 못한 일들을 만나기도 하지만 상담을 하거나 강연을 들은 분들이 내가 제시 한 방법에 대해 "그렇게 해 보겠습니다."라고 말하며 변화되어 스스로 힘을 가지는 것을 볼 때 행복하다.

"뭐 하고 싶은지 지금도 모르겠다."라고 생각한다면 머리 위로 손 들어주기를. 이런 경우가 굉장히 많다는 사실을 알게 되었다. 일을 하면서도 이 일이 내 일인지 모른다고 이야기 한다. 어른이 되어도 계속 내 꿈이 뭔지 모를 수 있다. 또는 지금 계속 해왔던 일에 대해서 앞으로도 계속 할 수 있을지 계속 하고 싶을지 고민하는 시기에 있을 수도 있다.

자아에 대한 정확한 정체성이 만들어지지 않은 채 사회초년생이 되면 정말 목적지 없는 바다 위에 떠 있는 느낌일 것이다. 인생이라는 여정 속에서 고등학교까지는 학교라는 배 위에 타고 대학이라는 목적지를 향해서 가다가 대학을 가게 되면 또 취업이라는 목적지로 가기 위해 온갖 노력을 다한다. 그리고 대학과 취업이 좌절되면 삶을 포기하는 경우도 있다. 스스로를 낙제자로 여기기도 한다.

우리나라 산업 생산량의 대부분을 대기업이 차지하고 있는 현실에서 많은 청년들은 대기업에 들어가기 원하는 현상은 어쩌면 필연적이며 한 편으로는 당연한 결과일지도 모른다. 하지만 회사가 한 사람의 인생을 책임질 수 없다는 사실은 어디에서 일하든 동일한 이야기일지도 모른다.

지금 현재의 대한민국의 많은 청년들은 많은 것을 포기했다. 이것은 사실이다. 높은 물가와 부족한 일자리라는 단어를 듣게 되면 귀에 이어폰을 꽂고 쉴 새 없이 뱉어내는 래퍼의 속 시원한 사이다 랩으로

차단해 버린다. 그렇게라도 하지 않으면 마음에 출구를 찾을 수가 없기 때문이다. 노력한다고 해서 그만큼의 보상을 받을 수 없다는 패배감이 사회 속에 있는 것이다.

90년대에는 완전 고용을 자랑하는 시대가 있었다. 나는 개인적으로 그런 시대가 오기를 꿈꾼다. 그렇게 되려면 우리 모두의 마음 하나하나가 일어나야만 가능한 일일 것이다. 스스로가 있는 자리에서 작은 변화들을 만들어 가기를 바라는 마음이다. 대기업에 취업한 사회 초년생에게도 박수를 치고 싶다. 얼마나 거기까지 가기 위해서 노력했을까! 하지만 거기서 배운 것으로 사회에 빛이 내는 일들을 이어가 주면 좋겠다. 그리고 대기업이든 중소기업이든 창업이든 사회초년생들의 마음의 상처들이 낫고 빛처럼 자신의 자리를 하나씩 밝혀주면 좋겠다.

어쩌면 이런 이야기들은 하고 싶지 않은 이야기일지 모른다. 듣고 있으면 머리 아프기 때문이다. 그래서 현실 이야기를 멈추고 다시 그녀의 이야기로 마무리 해 보자면 그녀는 대기업에 다니고 있었다. 하지만 회사가 나를 책임질 수 있을까라는 생각은 제2의 인생의 길로 그녀를 이끌었다. 그 즈음 '관계'라는 것에 대해서 고민하게 되었는데 자연스레 상담이라는 길로 들어서게 되고 강의를 하게 된다.

그리고 상담과 교육 강사 일을 하는 가운데 자연스레 사람들과 마음을 나누고 변화를 볼 때 행복함을 느끼는 삶을 시작했던 것이다. 누군가에게 흔쾌히 손을 빌려주는 사람은 생각보다 많지 않다. 하지만 그녀는 자신의 것으로 누군가에게 줄 수 있는 도움을 흔쾌히 주는 사람이다.

　이제는 직장인이 아닌 직업인으로서 또 다른 인생을 살아가고 있다. 동시에 마음을 나누고 가치 있는 일들을 향해 나가고 있다. 분명 누군가도 다른 직업을 준비하고 있을 수 있다. 걱정은 줄이고 자존감은 높여서 당신이 시작하기로 한 가치 있는 일이 무엇이든 첫 번째는 자신에게 두 번째는 또 다른 누군가에게 좋은 일을 만들어 줄 수 있을 거라고 확신한다.

　정말 지금 나는 진흙탕 위에 서 있는 것 같은 때라도 자존감만큼은 세상에서 내가 제일 잘 나간다는 마음을 먹는 당신은 정말 멋쟁이! 당신이 최선을 다하고 있다면 누구도 당신을 휘두를 권리는 없다는 사실을 같이 꼭 기억하자.

가치 있는 일을 하는 것이 나의 꿈이 되다.

이하빈

운수 좋은 날

오늘은 어떤 팝송을 번역 해 줄까? 라는 기대감으로 하뱅의 운수좋은 날 블로그를 클릭한다. 영화 '원스(once)'를 정말 좋아하는 그의 블로그는 친절하고 따뜻함을 준다. 항상 미소를 잃지 않고 밝은 모습으로 찍은 사진들이 사람들의 기분을 좋게 만들어 준다.

바쁘게 돌아가는 하루 일과를 지나고 나면 일상이 무의미하게 느껴질 때가 있다. 대학생이라면 당장 눈앞에 있는 취업 때문에 토익 점수를 따기 위한 고군분투를 아끼지 않는다. 직장인은 오늘 하루를 보내며, 내일이면 있는 곳을 떠나 다른 직장을 생각하고 있을지도 모른다. 도대체 나는 무엇을 하려고 살고 있을까? 답도 나오지 않는 그런 고민을 이어가고 있을 때, 어떤 사람의 이야기가 때로는 내 진로를 확정하게 만들기도 한다. 그렇게 늦게 진로를 결정했는데 내게 돌아오는 것은 응원과 격려가 아닌 비난 섞인 걱정이라면?
결론적으로 그냥 내버려 둬야 한다. 어차피 나를 세상에서 잘 이해하는 사람은 몇 명뿐 또는 아무도 없을 수도 있다. 고민하고 고민해서 결정했다면 가보는 것이다.

어떤 일을 하고 싶어서 공부한 사람? 정말 존경스러운 사람이다. 학창시절 공부란 다들 하는 것이기 때문에 했다고 말하는 그의 이야기가 나도 어떤 느낌인지 알 수 있었다. 세상은 꿈꾸는 자에게 기회를 주지만, 하긴 어떤 기회가 어울릴지도 모를 것이라는 노래 가사가 공감이 가는 것은 우리만의 이야기는 아닐 것이다. 혹시라도 지금 하려는 일이 정말 진지하게 고민하고 고민해서 용기를 내어 결정한 일인데도 누군가가 비웃거나 응원하지 않더라도 너무 풀 죽지 말자. 당장 꿈이 없다면, 누군가의 이야기를 통해서 꿈을 가지게 된 그의 이야기처럼 당신에게도 그런 일이 일어날지 모르는 일 아닐까?

가치 있는 일을 하고 싶어 하는 사람들이 있다. 그것 자체가 꿈인 사람들은 사실 직업이 무엇이 되든지 크게 개의치 않는다. 백만 불짜리 미소로 어떤 일이든 누군가에게 힘이 되는 일에는 팔을 걷어 도움의 손을 더하는 사람이 여기 있다. 라면을 끓이고 있다면 옆에서 라면 맛을 더 해주기 위해 파를 송송 썰어서 넣어주는 사람과 같다.

꿈을 어떻게 꿨고, 꿈을 이루기 위해서 느꼈던 그의 마음과 대안 책들은 어떤 것이었을까? 사회초년생으로 사회와 처음 마주한 이야기도 궁금하다. 그의 시선으로 들어 가 본다.

꿈 = 열정 + 실력

꿈이 없는 사람은 많은 경험이 없을 가능성이 많다. 의사 집에서 의사 나고, 성악가 집안에서 성악가가 나온다는 이야기는 보고 듣는 것이 바로 그런 것이기 때문이다. 하지만, 우리 부모님이 의사가 아니라고 해서 내가 의사가 안 되는 것은 아니지 않은가! 마음 한 편이 조금 아쉬운 것은 무언가가 되고자 하는 생각을 가질 수 없다는 현실이다. 하지만, 어떤 때에 누군가의 이야기가 내 귀에 들려온다면 그것은 정말 행운이다. 꿈이 생길 수 있는 타이밍이기 때문이다.

대학교를 다니던 어느 날, 월드비전에서 홍보를 나왔고 이야기를 듣게 되었다. 그리고 진로에 대한 생각을 다시 하게 되는 계기가 되었다. NGO 국제구호단체 회사 쪽으로 방향을 정해야겠다고 생각해서 그 쪽으로 많은 생각을 하게 되었다. 관련 회사에서 월드비전에서 인턴으로 1년간 일을 했고, 학교동아리도 여러 가지로 NGO와 같은 접점이 되는 일들을 하려고 시도했다.

대한민국의 대부분의 청소년들이 그러했듯이 내가 어떤 일을 하고 싶다 해서 한 공부를 한 것이 아니었고, 공부를 잘 하던 학생도 아니었다. 지방대학교에 들어가게 되었고 1학기까지 마치던 시점에 내 자신에 대해서 변화를 가져야겠다고 생각해서 군대를 가야겠다고 생각을 했다. 좀 더 강력한 강제성이 있어야 하겠다고 생각해서 해병대를 생활하면서 많은 변화가 있었다. 물론, 매일이 너무 빡센 훈련이어서 들어간 것을 살짝 후회하기도 했다. 의지력에 대한 변화와 나에 한계성에 대한 자각에 대한 변화가 있었다. 그리고 내가 *나중에 하고 싶은 일이 뭔지 평생 할 수 있는 일이 뭘까 고민하다가* 교사가 되고 싶다는 생각을 했다.

전역하기 얼마 전에 마지막 휴가를 나와서 부모님께 다시 공부를 하고 싶다고 말씀 드렸는데, 전역하고 재수학원에 등록해서 공부를 다시 했다. 고등학교 때도 워낙 공부를 안 하고 대학교에도 공부를 안 해서 1년 만에 공부해서 사범대 가려고 하니 워낙 힘든 시간이었던 것 같다.

제일 힘든 것은 가족 말고는 나를 응원해주는 사람이 없었던 것이었다. 나는 정말 새롭게 용기를 내서 길을 걸어가고 있는 건데 주변에서 부정적인 생각을 가질 수는 있겠지만, 용기를 꺾는 행동들을 했어야 했을까 하는 생각을 했다. 군대 갔다 와서 철이 안 들었는가 말하는 어른들…….

친구들은 일찍 사회나간 사회 초년생도 있었다. 다들 졸업할 시기에 대학을 들어가게 되었고, 그 때 나이가 24살 정도였다. 힘든 것에 대해서 물론 스트레스를 안 받았다고 하면 거짓말이겠지만, 그런 것과는 별개로 제가 하고 싶은 일이 있어서 다시 선택한 것이고, 그것에 대해서 내가 스스로 증명을 해 보여야 한다는 생각에 공부만 매달렸다.

독하게 아무도 안 만나고 공부만 했었다! 여러 가지 부정적인 시선과 이야기들에도 저는 선택한 길을 가기로 했다. 그리고 영어교육학과를 들어가게 되었다. 더욱 열심히 해야겠다는 생각으로 열심히 공부 다. *누군가의 부정적인 이야기보다는 내 삶이 중요한 거니까!*

그렇게 학교를 다시 들어가고, 월드비전 강의를 들으면서 생기게 된 NGO에서 일하는 꿈을 이루기 위해 인턴으로 들어가게 된다. NGO에서 1년간 일을 하면서 느끼는 점이 있었다. 인턴을 마치고 나서는 관련된 곳으로 면접을 보러가기도 했는데, 결과적으로는 잘 되지 않았다. 객관적으로 말해서 회사에 부합하는 요건을 가지고 있지 않았어요. 이런 곳은 취업 전에는 봉사하는 마음만 있으면 되는 줄 알았는데, 여기도 회사이다 보니 직원들의 실력이 가장 최우선으로 요구된다는 점이었다.

나 자신에 대해서 아쉬운 부분이 많았던 것 같다. NGO단체를 준비하면서 객관적으로 생각을 했어야 하는데, 너무 막연하게 준비를 한 것이다. NGO는 좋은 뜻으로 모인 사람들이고 이런 쪽 관련 활동을 많이 한 사람들이면 좋지 않을까? 내가 세운 기준만으로 무작정 부딪혔던 것 같다. 객관적 실력이라든지 그 쪽 업무관련 전공했던 사람도 아니라서 어떤 부분으로 들어가서 어떤 업무를 할 수 있을까라는 막연한 생각을 했던 것 같다. 취업을 도전하고 면접까지 올라가면서 이게 내가 가지고 있는 한계구나 라는 생각에 부딪혔다!

대학을 다니면서 계속해서 준비했던 것이고 *몇 년 동안 바라왔던 일이었는데, 한 순간에 무의한 것들이 되어버리는 기분 때문에 힘들었던 것 같다.* NGO는 기본적으로 사회복지사만 뽑는다고 생각하시는 분들이 많다. NGO단체는 물론 일하는 것이 사회복지와 관련되어 있지만, 그것도 엄연히 기업이기 때문에 사회복지 일 이외에도 사무실에서 하는 일들도 나누어져 있고, 경영적인 부분도 필요했다.

기본적으로 국제적인 업무가 많아서. 부서에 관계없이 영어실력이라든지 제2외국어, 계발 도상 국가 관련 일을 많이 해서 아프리카는 프랑스어 남미는 스페인어를 많이 사용해서 영어 이외에도 제2외국어가 필요한 경우가 많다. 언어적인 면에서 많이 필요하고 사회복지과가 아니더라도 포기 하는 것이 아니라 내가 다니고 있는 과가 회사에서 어떤 부분으로 사용이 될 수 있을까를 고민 해 보는 것이 필요하다.

구체적으로 이야기 한다면, 회계 관련 부분, 마케팅, 미디어 관련된 부분이 굉장히 필요하다. 다방면에서 필요하기 때문에 내가 가지고 있는 능력과 비교해서 생각 해 보는 것이 좋다.

또 다시 부딪혀 볼 것이다.

NGO단체를 들어간다는 꿈 자체가 일에 있어서 *가치 있는 일을 하자는 마음 때문이었다.* 개별적으로 좋은 영향력을 미칠 수 있는 사람이 되고 싶다. 대학 다니면서 지역 공부방에서 교육봉사를 2년간 했는데, 지금은 교육을 하지는 않지만 교류를 하면서 지내고 있다.

물질적으로 도움을 줄 수 없겠지만, 좋은 멘토로서 도움을 줄 수도 있는 것이고, 제 능력 안에서 좋은 기회를 전달 해 줄 수도 있는 것이라고 생각한다. 다른 사람에게 좋은 영향력을 줄 수 있는 사람이 되고 싶고, 개인적으로 하는 것이 아니고 마음이 맞는 사람이 모여서 프로젝트를 할 수 있는 일이 있다면 같이 하고 싶다.

좋은 사람들을 만나서 네트워크를 형성하고, 이런 것들이 하나의 문화로 자리 잡을 수 있다면 좋겠다고 생각한다. 혼자가 아닌 다 같이 좋은 일들을 한다면 더 좋은 영향력을 줄 수 있을 것 이라고 생각한다.

'내가 이렇게 했으니까 이렇게 해 보세요'가 제일 안 좋은 말인 것 같다. 이런 얘기를 들을 때마다 저는 기분이 안 좋았던 게 사실이다. 내 상황을 어떻게 알고? 나와 그 사람과의 환경은 다르지 않은가. 군대를 갔다 와서 공부를 할 수 있는 환경이 되서 했지만, 어떤 사람은 꿈이 있어도 꿈을 포기하고 다른 쪽에 집중해야 하는 경우도 분명 있다. '여러분도 꿈을 찾아 도전해보세요.' 라고 말할 수는 없는 것 같고, 꿈을 포기 했느냐 안 했느냐가 중요하다고 말하고 싶다.

내가 꿈을 이루려는 모습을 보고 도움을 줄 수도 있고, 그게 돈이든 기회든 자기가 하고 싶은 일이 있다면 정말 답이 없다는 일이라고 하더라도 생각만하고 포기하기 보다는 뒤를 돌아보지 말고 일단은 부딪혀 봤으면 좋겠다. 부딪혀보면 안 보였던 길이 다시 보였기 때문이다.

우리 세대 청춘들이 너무 많이 지쳐있고, 한 번 넘어지면 일어나기도 힘들고 그렇지만, 그렇게 해 봐야한다고 감히 말한다! 운수 좋은 일이 일어나기 위해 정말 좋아하고 해야겠다는 일이 있다면 부딪혀 보는 건 어떨까?

용기가 필요한 순간

새로운 꿈을 이야기 했을 때 돌아온 것은 꿈을 꺾는 말들이었다. 용기를 내서 길을 찾아가려고 할 때 응원해 주던 사람은 단지 가족뿐이었다.

꿈이 직접 나를 찾아온 날

학교를 들어갔을 때 찾아온 NGO단체를 통해서 가지게 된 꿈! 꿈은 그렇게 그를 직접 찾아왔다. 그 때부터 더욱 가치 있는 일을 하고자 하는 생각이 꿈으로 다가왔다.

가치 있는 일을 하는 것이 나의 꿈

지금도 계속해서 꿈을 위해서 노력하고 있다. 원했던 곳에 가지 못했지만 다시 도전한다. 또 실패하더라도 어디에 있든지 가치 있는 일을 하는 것이 꿈이니 두렵지 않다. 모르지 않는가. 원했던 곳에 다시 가게 될지!

꿈은 어떻게 찾는 거지?

누군가는 이렇게 계속 고민하고 있다. 사실 무엇을 해야 될지 모르지만 취업을 했다. 왜냐하면 돈을 벌어야 하니까! 자꾸 주위에서는 진짜 뭐하고 싶으냐고 묻는데 진짜 모르겠다. 그런 부류가 있다.

꿈은 어떻게 이루는 거지?

꿈이 생겼지만 막상 어떻게 해야 될지를 모르는 사람도 많다. 사실 요즘은 온라인이 발전해서 찾고 싶은 정보를 찾을 수 있지만 그래도 역시나 혼자서 그 일을 하는 것은 맨땅에 헤딩일 수 있다.

이 꿈이 내 꿈이 아니었나 보다.

누군가는 이렇게 생각할 수 있다. 꿈인 줄 알고 일을 시작했더니 막상 내 생각과 달라도 너무 다르다. 이런 경우는 정말 모든 것을 다시 리셋(Reset)해야 한다는 생각에 인생을 포기하고 싶다.

나의 꿈은 어디쯤 있을까? 여기서 말하는 꿈은 어쩌면 천직이라고도 표현할 수 있겠다. 또 한 편으로는 정말 간절하게 하고 싶고, 갖고 싶고, 되고 싶은 것일지도 모른다. 어떻게 되었든 내 꿈은 어디에 위치하고 있는 걸까?

빨리 꿈을 찾으라고 혹 자는 말한다. 꿈을 찾게 되면 죽을힘을 다해서 노력하라고 이야기 한다. 하지만 현실은 꿈을 찾는 것도 힘들 뿐 아니라 그렇게 어렵게 찾게 된 꿈을 이루는 것도 쉬운 일이 아니라는 사실을 깨닫게 된다.

특히나 '가수가 되고 싶다, 요리사가 되고 싶다.'처럼 어떤 직업이 꿈이 아닌 어떤 가치가 먼저 꿈으로 다가오게 되면 더 그렇다. 왜냐하면 이건 어떤 목표를 바로 말할 수 없는 경우가 있기 때문이다. 하지만 또 반면 어떤 직업이 되었든 가치를 이룰 수 있다면 오히려 할 수 있는 일의 범위는 넓을 수 있기도 하다.

가치 있는 일을 하는 것이 꿈이 된 그에게 구체적으로 그것을 이룰 수 있는 일도 생겼다는 것은 어둑한 달밤아래 길을 걷다가 갑자기 불빛 가득한 동네를 만난 듯 멋진 일이 아닐 수 없다. 하지만 아쉽게도 동네 입구에 문이 잠겨 들어갈 수 없어 문 앞에서 불빛들만 봐야 하는 상황이라고 할지라도 그는 포기하지 않기로 했다. 오늘만 날은 아니기 때문이다. 그리고 또 다른 멋진 동네가 있을 수도 있지 않은가!

"내 코가 석자야."

이렇게 말하며 내 갈 길도 바쁜데 누군가를 위해서 가치 있는 일을 한다는 생각은 낭비적일까? 물론 자신이 꼭 해야 할 일을 망칠 정도로 남의 일에만 신경을 쓰는 것은 피해야 하겠지만 가치 있는 삶을 살고자 하는 생각이 내가 있는 곳의 삶의 온도를 더욱 높여주는 것 같다.

그가 어디에 있든지 분명히 따뜻한 결과들을 만들어 갈 거라는 생각이 든다. 때론 나쁜 생각도 잘 변하지 않는다고 하지만 좋은 생각 역시 잘 변하지 않는다. 그렇게 살기로 결심한 사람에게는 어디에 있든지 가치를 만들어 갈 것이다.

사회에 나와서 원했던 꿈이 당장 이루어지지 않더라도 원하는 곳에 취업하지 못하더라도 꿈을 포기하지 않았다는 말이 누군가에게는 용기가 될 것이다. '혼자'가 아닌 '같이'의 가치를 꿈으로 삼은 앞으로의 그의 이야기가 기대된다.

작은 사람에게 따뜻한 마음을 주는 삶을 산다.

임준호

작은 자에게 냉수 한 그릇

뚜두두두두 두 두두두두두두······.

오늘 아침도 여전히 알람은 울린다. 아침식사인가? 잠인가? 둘 중에서 어떤 것을 선택할 것인가? 학교나 직장을 가기 전 아침식사를 하는 것보다 조금 더 이불 속에 있는 것을 선택하는 사람들이 많은 것은 학업과 업무에 시달리는 이들이 많기 때문이 아닐까!

사실 사회초년생 특히 직장인이라면 아침은 정말 빠듯한 시간이다. 광고에 등장하는 모닝커피의 여유는 정말 CF뿐일 따름이다. 어쩌면 밥 대신 커피를 마시는 사람이 있을지는 모르겠다. 많은 청년들이 의도적이든 그렇지 않든 아침밥을 굶는다는 이야기를 들었다. 아직 다 뜨지 못한 눈을 가지고 출근길을 가는 경우도 있다. 그렇게 업무는 시작이 되고 하루가 지나간다.

바쁜 일상을 지나가는 것이 아니라 겪는다는 표현이 더 맞을 것이다. 이렇게 나 혼자 챙기기도 정신없는 현실에서 누구를 생각한다는 것이 가능한 일인가 하는 생각도 하게 된다. 다시 이야기 하자면, 남을 위해서 살기에는 내가 해야 될 일이 너무나도 많은 시대가 아닐까……. 그럼에도 불구하고 남을 생각할 수 있다는 것은 대단하다고 이야기해야 할까?

하지만 또 누군가는 자신이 세상에서 제일 잘난 줄 알고 남은 안중에 없는 사람도 있다. 자신 밖에 안 보인다. 자신만을 너무 돌보는 사람도 있다는 사실이 뉴스를 통해서 만나게 되었을 때 많은 사람들이 분노하기도 한다.

이런 저런 이유들로 남을 돌보는 것은 쉬운 일이 아니다. 나만 해도 누군가를 도와 야겠다는 마음이 일어났더라도 어떤 때는 내가 너무 힘들기 때문에 마음은 너무 간절하더라도 몸과 상황이 따라주지 않을 때가 많다. 하지만 계속 나누려는 마음을 가져야만 할 수 있는 순간이 왔을 때 할 수 있다는 것을 알고 있다.

도움이 필요한 경우를 겪어본 적이 있는 사람은 안다. 얼마나 도움이 간절한지 도움의 손길을 내 미는 사람은 그냥 내밀었을 수도 있지만 누군가에게는 살고 죽는 순간에 있을 수도 있다.

어떤 사람이 우물에 금을 숨겨두었다. 그러던 어느 날 급한 일이 일어났다. 그래서 숨겨두었던 금을 찾아서 위기의 순간을 모면한 이야기는 지금 누군가에게 순수하게 내민 손이 급한 일을 만났을 때 다시 도움의 손을 받을 수 있다는 것이다.

나는 평균의 법칙을 믿는다. 어쩌면 누군가를 돕고 있다고 생각한다면 사실은 그 사람에게 미리 도움의 보험을 자신도 모르게 들고 있는 것일지 모른다. 그래서 돕는다는 표현보다 함께 한다는 표현이 맞을 것이다. 나눔의 가치는 '같이'라는 의미에서 중요하다고 생각한다.

만약 지금부터 귀가 나빠져서 잘 들리지 않는다면 어떤 느낌일까? 경험하지 않으면 상상도 되지 않는 일이다. 누군가는 눈이 나빠진다던지 귀가 나빠지던지 하는 상황들을 겪는 사람도 있다. 왜 이런 일이 나에게 일어날까 절망이라는 단어가 생각날 법도 할 것 같다.

20살 무렵부터 나빠지기 시작한 귀가 이제는 보청기가 없으면 듣기 어려워졌지만, 개발도상국에서 현지인들과 더불어 살고 싶은 꿈을 가진 사람이 여기 있다. 블로그 이웃 분의 소개로 알게 된 그는 아주 긍정적인 사람이다.

나의 도움이 필요한 사람에게는 기꺼이 손을 뻗어 할 수 있는 일을 하려는 모습들이 요즘처럼 각박한 시대물 한 잔이 필요한 누군가가 마신 뒤 흐뭇한 미소를 지어내듯 따뜻함을 느낄 수가 있다. 희귀한 동물들을 좋아하기도 하는 유쾌함을 가지고 있는 그의 시선으로 들어가서 그의 이야기를 들어볼 차례이다.

남과의 비교 NO, 자신의 속도 YES

나는 청각장애를 가지고 있다.

20살부터 귀는 점점 나빠져서 보청기 없이는 들을 수 없고, 지금은 인공 와우 수술을 생각하고 있다. 하지만, 나의 장애와는 상관없이 꿈에 대해서 먼저 이야기 하자면, 개발도상국에서 경제적으로 자립하고 현지인과 함께 살아가고 싶은 것이다.

이제는 너무 진부한 얘기가 되어버렸지만 대학을 졸업하기까지 자신의 적성과 꿈에 대해 진지하게 고민해볼 시간이 너무 부족했던 것이 사실이다. 중학교에서 교사로 일할 때 많은 수의 학생들이 공무원을 꿈으로 가지고 있는 것을 보고 충격을 받았다. 사회와 가정 등 주위환경에서 직업의 안정성을 강요하는 것도 자신의 진짜 적성을 찾지 못하는 데 기여했다고 생각이 들었다.

대학시절엔 학교공부보다는 다양한 대외활동을 하며 여러 경험을 쌓은 덕분에 나의 적성과 삶의 목표 등에 대해 생각해 볼 수 있었다. 다양한 경험과 함께 여러 길이 열려 미래에 대한 큰 고민 없이 지내올 수 있었다. 개인적으로는 인생에 있어서 자신만의 가치를 찾는 일이 우선되어야 한다고 생각한다. 자신이 삶 속에서 추구하는 가치가 명확하다면 직업의 종류는 크게 중요하지 않을 수도 있을 것 같다.

나 역시 지금도 미래에 대해 걱정하며 고민하고 있다. 그러나 이 과정이 결코 나쁘지만은 않다. 미래에 무엇을 해야 할까 고민한다는 것은 선택할 수 있는 미래가 다양하다는 뜻이기도 하니까!

이런 고민은 아마 평생에 걸쳐 해야 하는 게 아닐까?

내 생각을 이야기 하자면, 중요한 것은 자신의 삶을 살아내는 일이다. 대한민국에는 어떤 정형화된 삶의 틀이 너무 명확하게 있다고 생각한다. 언제 대학을 졸업하고 언제 결혼해야 하고 안정적인 직장을 가져야 하고 등등 개인적으로는 이런 강박관념에서 벗어나 자신만의 삶을 살아내는 게 중요한 것 같다. *남과 비교하지 않고 자신만의 목표를 가지고 자신만의 속도대로 하루하루 살아가는 것이야말로 정말 값진 일이라고 생각한다.*

잠시 멈춰 서서 미래를 준비하다.

대학시절 개발도상국 아이들이 그린 그림으로 제품을 제작하여 판매 수익이 아이들에게 돌아가게 하였던 COCW 프로젝트를 운영했다. 졸업 후에는 학교 조교 활동 후 강원도 평창의 평창중학교에서 영어교사로 1년 정도 근무했다.

미래의 목표는 앞서 말한 것과 같이 개발도상국에서 사는 것이기에 교사로 근무 후 아프리카 부룬디를 직접 방문해보려 했다. 그리고 평창에 머물던 시절 우연히 시작하게 된 유튜브 채널을 소소하게 운영하고 있는데, 채널 이름은 "주노준호"인데 희귀반려동물에 대한 내용을 주로 다루고 있다. 어렸을 적부터 동물을 참 좋아했었는데 찻값 정도지만, 좋아하는 것을 가지고 소소하게나마 돈을 벌 수 있음에 감회가 새롭다.

하지만, 지금은 달리던 일을 잠시 멈추고 쉬면서 앞으로의 일을 고민하는 시기이다. 그래서 책을 읽는 분들의 입장에서 더욱 이야기를 할 수 있는 것 같다. 개발도상국에서 살기 위해서는 여러 가지를 생각해야 한다. 후원금을 받기보다는 나 스스로 현장에서 경제적 독립을 이루어 살고 싶다. 현지인들을 돕는 것에 있어서도 약자를 돕는 개념보다는 그들과 어울리며 동등한 친구가 되어 내가 가지고 있는 것으로 도움을 주고 싶다. 그것을 위해 무엇을 해야 할지 고민이 많다. 하나, 머무를 나라를 정해야 한다. 둘, 그곳에서 스스로 할 수 있는 일이 있는지도 알아봐야 해서 우선 현장으로 가보려 한다. 가야만 볼 수 있는 것들이 분명히 있기 마련이니까!

현재는 아프리카 부룬디라는 나라의 한 분과 연락이 닿아 방문을 계획 중이다. 사실 미국 방문 직후 가려 했으나 귀 수술의 필요성과 미국에서 계획보다 많은 돈을 사용했다. 일단 인공 와우 수술을 받고, 회복 할 때까지 국내에 있을 계획이다. 부룬디를 가기 위해서도 돈이 필요하기 때문에 교사활동을 생각하고 있다. 제주도의 삶이 끌려서 제주교육청에서 일을 알아보고 있기도 하고, 호주로 워킹 홀리데이 (Working Holiday)를 가는 것도 생각하고 있다.

솔직하게 미래를 확신할 수는 없지만, 내가 정한 인생 전체의 목표와 가치에 집중해서 내게 주어진 하루의 현실에 충실하려고 한다. 나는 꽤나 즉흥적인 사람이다. 앞으로의 일을 장담하는 것은 쉬운 일이 아니며, 지금까지도 인생은 계획대로만 되지 않았다. 인생은 그런 것이라는 것을 지내며 알게 된다.

작은 자 하나에게 냉수 한 그릇이라도 전하면 결단코 상을 잃지 않을 것이라는 성경 속 구절을 좌우명처럼 생각하고 있다. 덕분에 COCW 프로젝트를 운영할 수 있었다.(COCW : a cup of cold water 의 줄임말) 이 프로젝트를 운영하면서 다양한 사람을 만나고 여러 국가를 다니며 앞으로의 일에 대해 고민해볼 수 있는 계기가 되었다. 그리고 COCW 프로젝트에서 가졌던 마음을 개발도상국에서의 삶에서 이어가려고 한다.

남과 비교하는 삶을 살아가는 사람들을 많이 본다. 그리고 매일을 걱정으로 살아가는 사람들을 보기도 한다. 하지만, 인생전체를 보는 것이 중요하다고 생각한다. 일단 인생의 커다란 목표를 가지고 살아가다 보면 남과 비교하지 않는 자신만의 삶을 살아갈 수 있을 거라 생

각한다. 그리고 우리 모두 함께 그런 자신의 삶을 사랑하게 되길 바라
본다.

어쩌면 남과 다른 지금

그의 귀는 다른 사람과 같지 않다. 기계의 도움이 있어야만 들을 수 있다. 하지만 남과 비교하지 않는다. 오히려 자신보다 크지 않은 사람에게 도움을 주고자 하는 마음을 가지고 있다.

작은 자에게 냉수 한 그릇

그가 늘 생각하는 좌우명이 인생의 걸음을 걷게 한다. 누군가를 돕고 싶다는 마음은 실천으로 이어졌다. 그 가운데 만난 많은 사람들을 만나고 여러 나라를 다니며 앞으로의 일을 생각 해 본다.

남의 속도가 아닌 내 속도를 따라가기

현실의 상황이 남과 같지 않다고 해서 비교하기 보다는 자신의 속도에 맞춰서 인생의 걸음을 걸어가고 있다. 인생의 부분을 보기보다는 인생의 전체를 보는 눈으로 지금도 자신만의 길을 기꺼이 걸어가고 있다.

왜 자꾸 뱁새는 황새를 따라가려고 할까? 뱁새는 붉은 머리 오목눈이로도 알고 있는 경우가 있는데 사실 이 둘은 개구리와 두꺼비와 같은 관계라고 한다. 어쨌든 뱁새는 날개도 엄청 작고 굉장히 귀엽게 생긴 작은 새이다.

황새는 반면 흰 몸에 검은 날개깃을 가진 큰 새이다. 뱁새가 황새를 따라가다가는 다리가 찢어진다. 왜냐면 황새에 비해서 뱁새의 다리는 너무 귀엽다 못 해 짧기 때문이다. 그냥 귀여운 외모로 귀여운 다리로 다녀도 심장 폭행을 하는 새이다.

하지만 뱁새는 자기가 얼마나 귀여운 지 모르기에 나온 속담이 아닐까? 사회초년생은 계속 다른 사람과 나를 비교하기 쉽다. 사회초년의 고생길을 지나 현재에 있는 성공자의 과정은 관심 없고 성공한 사람의 결과만 부러워하는 사람도 있다.

어느 누구도 비교를 위한 비교를 위해서 나와 타인을 세울 수 없다. 특히 자기 자신이 다른 사람과 자신을 계속 비교해서 비하하는 일은 아무런 도움이 되지 않는다. 뱁새와 황새는 원래 다르게 태어났다. 세상은 공평하지 않다는 것도 인정해야 속이 편할 것이다. 차라리 그 시간에 자신이 어떤 사람이 될지 고민하는 시간이 늘어나면 옷장 속에나 있을 것 같은 행복이라는 단어가 가까워질 것이다. 자기만족도 누군가에게는 약이 될 수 있다.

그렇게 비교를 뒤로 하면 행복이 한 걸음 다시 누군가를 위해서 작은 일이라도 좋은 일을 해 보면 또 한 번 행복으로 한 걸음 다가갈 것이다.

어떤 책에서는 이런 제안을 한다. 매일 한 가지씩 착한 일을 해 보라고! 왜 그런 제안을 하는 걸까? 봉사를 하는 많은 사람들이 하는 이야기는 행복이라는 감정을 느낀다는 것이다. 그냥 누군가 돕고 싶다는 순수한 마음에게 주어지는 선물이 바로 '행복'이 아닐까 생각 해 본다. 책 속의 그런 제안은 결국은 봉사하는 그 사람을 위한 제안이라고 생각한다.

그의 좌우명에 따른 삶은 누군가에게 따뜻한 마음을 나누는 것이다. 어떤 누가 보기에는 청각장애가 특수한 상황이라고 생각할 수 있겠으나 그런 것은 문제가 되지 않음을 보여준다. 남과 비교 하지도 않는다. 그저 자신의 속도에 맞춰서 마음속에 품은 꿈들을 삶 속에서 하나씩 풀어나갈 뿐이다.

남과 비교하지 않고 그저 내게 주어진 꿈들을 풀어 놓으며 사람들과 마음을 나누고자 하는 그의 이야기가 또 다른 누군가의 이야기가 되었으면 하는 바람이다. 당신의 꿈이 누군가의 아픔을 만져주고 필요를 채워주는 일들로 나타나는 순간을 꿈꿔 본다.

용기가 생겼다는 그 말

요즘은 너무 큰 꿈을 꾸지 말라는 이야기가 있다. 너무 큰 꿈 때문에 현실에서 충실한 삶을 놓칠 수 있기 때문이다. 나 역시 그 이야기에 공감한다. 하지만 꿈을 놓쳐서는 안 된다는 이야기 역시 공감한다. 어떤 누군가에게는 꿈이라도 꾸지 않으면 오늘의 현실 상황을 도저히 이겨낼 수 없기 때문이다.

온라인에서 만나게 된 '좋다'라는 말로는 부족한 많은 분들과 함께 홍대 카페에서 꿈 공연을 한 적이 있다. 공연을 많이 기획하며 원래 그것이 본래 업으로 하는 분들에게는 쉬운 일이지만 나에게는 꿈이었다. 뭔가 공연을 한다는 생각보다 꿈을 가진 청소년이 직접 무대에서 노래를 부르는 경험을 가지고 어른들이 함께 응원하며 같이 공연하고 꿈에 대해서 나누는 시간을 가지고 싶었다.

시작은 티셔츠 판매였다. 티셔츠 수익금을 가지고 꿈을 가진 사람들에게 작은 길이 되고 싶었다. 온라인 인연으로 인터뷰도 해 주고 티셔츠 판매까지 도와주며 판매에 많이 도움을 주었고 다른 온라인 이웃 분들도 힘을 보태 주었다. 이전에 함께 일했던 선생님도 큰 힘이 되어 주었다.

당시 많은 경험을 하고자 스토리 콘텐츠 작가에 지원해서 알게 된 팀장님이 이야기를 듣고 홍보사진과 영상제작에 도움을 주시겠다고 했다. 정말 그 순간 꿈이라는 것은 이루어진다는 것을 다시 느껴 소름이 돋았다. 그리고 또 다른 인연을 통하여 음악하고 연기하는 지인 분들을 섭외할 수 있었다. 또한 다른 분을 통하여 지인 분들을 통해서 강연자까지 섭외가 되었다. 모든 것이 아주 순조롭게 되는 것을 느끼는 순간이었다.

간절한 꿈이 이루어진다더니 '정말 이루어지는구나.'
라고 깨닫게 되었다. 이전에도 내가 꿈꿨던 일들이 이루어진 부분들이 있었는데 뭔가 사람들과 함께 기획을 통해서 일들을 하는 것이 정말 감사했다. 물론 당시에는 어떻게 했는지 싶을 정도로 정신없었지만 내 마음에 감동을 던진 이야기가 있었다.

바로 함께 음악 공연을 한 고등학생 친구의 이야기였다. 사실 그 친구에게는 미안한 마음이 있다. 나도 당시 굉장히 마음 적으로 체력 적으로 힘든 시기여서 최선을 다해서 대한다고 했지만 충분히 대화하지 못한 것 같아서 많은 아쉬움과 미안한 마음이 있다. 그래도 시간을 만들어 대화를 하고자 만났을 때 그 친구의 이야기는 내가 이 일을 했던 이유를 그대로 들려줬다. 바로 그 이야기는 '어디든지 설 수 있다는 용기가 생겼어요.' 라는 이야기였다.

아마 이 이야기는 평생 잊지 못할 것이다. 그리고 내가 앞으로 다시 모든 것을 정비해서 나갈 수 있게 하는 힘이었다. 군대를 다녀와서도 그 친구의 꿈이 계속해서 이어지기를 진심으로 응원 한다. 사회초년을 살아가는 글을 읽는 누군가에게도 '용기'라는 단어가 함께 하면 좋겠다는 마음으로 글을 나눈다. 용기가 힘을 주고 우리를 일으켜 세워서 우리의 꿈을 이루도록 도와 줄 것이라 믿는다. 네 심장을 춤추게 해 봐!

Thanks to

책의 진짜 이야기의 시작은 나의 사회초년부터 시작이 된다. 20대 초반에는 처음 마카롱의 맛을 알게 되어 얻은 깨달음같이 인생에 대한 깨달음으로 행복했다. 한 편으로는 그걸 실천할 방법을 몰라서 괴로웠다. 꿈은 트레이너처럼 나를 매일 훈련시켰고 지금까지 오게 되었다.

그리고 꿈 인터뷰를 결심하였고 서로의 꿈을 공유하기를 바랐다. 왜냐면 그것이 서로에게 힘이 될 거라고 믿었던 것 같다. 이야기를 엮고자 했는데 드디어 책을 쓰게 된 것이다.

'네 심장을 춤추게 해 봐'라는 문구는 같이 꿈꾸고, 이루고, 나누자는 꿈 프로젝트의 이름이다. 지구라는 별이 존재할 동안 이 이름으로 좋은 일들이 많이 일어났으면 좋겠다.

꿈이라는 가치를 알게 해 주신 하나님께 먼저 감사를 드린다. 생애 첫 책이 나올 수 있게 해 주신 이학명 대표님에게 감사를 전한다. 항상 기도 해 주시는 분들에게도! 또한, 항상 기도 해 주시는 엄마와 응원 해 주는 오빠, 어릴 때부터 지금까지 함께 해 준 외삼촌, 외숙모, 사촌들과 친척, 고마운 지인 분들, 친구들 모두 감사의 마음을 전하고 싶다. 혹여 라도 이름을 빼 먹을까봐 이름을 적지는 않는다.

항상 같이 사진 찍어주고 네 심장을 뛰게 하라는 문구를 함께 고민해서 생각해 준 친구 민아, 정말 고맙다. 블로그 이웃 분들은 이 책이 나올 수 있는 원천이었다. 꿈 프로젝트를 같이 해 주신 분들 인터뷰에 응해 주신 소중한 분들에게 깊이 감사의 마음을 전한다. 또한 이 글을 여기까지 읽어주신 분들께도 정말 감사하다고 말하고 싶다.

특히 이 책을 피 터지게 내면적으로 외면적으로 싸우고 있을 사회 초년생을 위해서 바치는 이유는 내가 사회초년생이었기 때문이다. 지금도 나도 완성이 아니라 시행착오를 거치며 성장하고 있는 중이다.

감사합니다.
고군분투하며 애쓰고 있을 사회초년생에게 바치며…